Michaela Walter

Für dich einstehen steht dir gut!

ÜBER DIE AUTORIN:

Michaela Walter ist Autorin des Blog-Magazins kindofbeauty.de, dem Blog für Frauen, und eine unkaputtbare Optimistin.

In ihrem Soul-Business konzentriert sie sich darauf, Frauen dabei zu helfen, ihre eigene Stärke und Kraft auf positive Weise anzunehmen und einzusetzen. Ihre Arbeit ist dem Weg zur Selbstliebe gewidmet. Ihr großes Thema ist es, Raum und ein neues Bewusstsein für mehr Weiblichkeit und Intuition zu erschaffen. "Wir sind so viel mehr als das, was man uns erzählt, was wir sind, und zu so viel mehr in der Lage. Denn unser Wert hat nichts mit unserem Körper zu tun, unserer Karriere oder wie viel Geld wir auf unserem Konto haben." In ihrem Blog-Magazin zeigt sie, dass es ungefährlich ist, einander und sich selbst zu lieben. Und mit ihren persönlichen Trainings hat sie bereits vielen Frauen dabei geholfen, ihre eigene Stimme zu finden und diese auch einzusetzen.

IMPRESSUM

1. Auflage
© 2019 Community Editions GmbH
Zülpicher Platz 9
50674 Köln

Texte: Michaela Walter
Projektleitung & Redaktion: Kim Feyen
Redaktion: Tanja Stolze
Layout, Illustration & Satz: Sue Hiepler – Arts From Sue
Lektorat: Marie Mönkemeyer
Fotos: © Michaela Walter
Gesetzt aus der "Dudu Calligraphy" © Adderou
Gesamtherstellung: Community Editions GmbH

ISBN: 978-3-96096-083-6
Printed in Poland
www.community-editions.de

MICHAELA WALTER

für dich
EINSTEHEN
STEHT
dir
gut

Community
EDITIONS

WIDMUNG

Für dich, du wundervolle Frau!
Hab Mitgefühl für die Frau, die du bist, und gib
dir Raum für dein inneres Leuchten und die Liebe in
dir. Es ist unsere Aufgabe, uns selbst so zu begegnen,
wie wir es uns von anderen Menschen so sehr wünschen. Wenn wir diese Fähigkeit entwickeln, kommen
wir zur Erkenntnis, dass wir den anderen nicht brauchen, um glücklich zu sein – sondern dass wir
ihn auswählen, ein Stück des Weges an unserer
Seite zu sein. Denn alles ist bereits in uns.

Für dich einstehen steht dir gut!

Inhalt

Einleitung

Wie sehr wünschte ich mir, dass dies ein fremdes Buch sei, in dem ich lese, statt es selbst zu schreiben. Ein Buch, das mir die Möglichkeit gibt, in die Geschichte eines anderen Menschen, eines anderen Lebens einzudringen, wohl wissend, dass es nicht meine Geschichte ist, in die ich eindringe. Oder überhaupt irgendjemand eindringen kann. Ich wollte mich schützen, mich klein machen. Besser noch – unsichtbar. Ja, genau das war es, was ich sein wollte: unsichtbar. Ich wollte nicht, dass mich jemand sieht, und ich wollte mich auch selbst nicht sehen müssen. Lieber wieder das gute alte Spiel spielen: Ich sehe was, das du nicht siehst. Oder war es vielleicht doch eher: Wer hat Angst vorm schwarzen Mann? Niemand. Und wenn er kommt? Dann laufen wir! Ich lief. Ich bin weggelaufen. Niemand sollte mich fangen können, niemand mich erreichen. Ich am allerwenigsten.

Doch egal, wie schnell ich vor mir selbst weggelaufen bin, wie sehr ich mich auch in Abenteuer geworfen habe oder mit welch einfachen Ablenkungsspielchen ich versucht habe, nicht in den Spiegel zu blicken, nicht in mein Herz zu schauen, es hat mich immer eingeholt. Und ich habe es nicht verstanden. Wenn ich zurückblicke auf all diese Jahre, all mein stilles Leiden, die Suche nach dem Glück, nach Verständnis, Anerkennung, Lob, Ganzheit, Vollständigkeit und Liebe, dann empfinde ich heute große Demut und Dankbarkeit. Denn hier bin ich nun: Michaela, 52 Jahre, Mutter zweier wundervoller Kinder und angekommen bei mir, mit mir und in mir.

Dieses Buch widme ich dir und mit dir allen Frauen jeden Alters, die auf der Suche sind. Auf der Suche nach sich selbst. Den Grundstein meiner heutigen Arbeit und für dieses Buch habe ich 2015 mit der Gründung meines Blogs kindofbeauty.de gelegt. Seitdem treffe ich viele Frauen und egal, in welchem Alter sie sind, es sind immer wieder die gleichen Schwierigkeiten, mit denen sie kämpfen. Am meisten jedoch kämpfen sie mit sich selbst. Auch ich habe gekämpft: für all die Menschen, die ich liebe, und lange gegen mich selbst, ohne es wirklich zu wissen. Die heutige Welt, wie sie sich uns darbietet, mit allen wundervollen technischen Möglichkeiten, die für viele der reinste Horror sind. Sie öffnen nicht nur Wissen für uns, sondern vor allem abertausende neue Wege, sich zu vergleichen, sich abzulenken und klein zu machen. Abhängigkeiten gibt es heute noch genauso wie damals, vielleicht auf einem anderen Level, aber abhängig ist abhängig. Heute heißt es: Selbst ist die Frau. Das ist gut und dramatisch zugleich. Auf der Strecke geblieben scheint mir die Frage nach der Weiblichkeit. Frausein wird uns heute so verkauft, als müssten wir es uns hart erarbeiten, als könnten wir es auf eine besondere Art und Weise erwerben. Festgemacht an seltsamen, äußeren Attributen. Aufgeschminkt und angezogen. Angepasst und antrainiert. Viel zu oft glauben wir den wahnwitzigen Vorstellungen unseres sozialen Umfelds und folgen den Massenmedien. Von dort erhalten wir regelmäßige Einträge in unsere Benimmbibel und wir füttern die Ich-bin-nicht-gut-genug-Frau in uns. In den letzten dreißig Jahren waren wir überwiegend damit beschäftigt, uns neben der Verantwortung für Partnerschaft und Familie unsere Stellung im beruflichen und politischen Leben zu erarbeiten. Dabei blieben und bleiben weibliche Qualitäten wie Empathie, Weichheit (oh Gott, wer will heute schon weich sein), Intuition und der innige Kontakt zu uns selbst auf der Strecke. Viele Frauen fühlen sich heutzutage ausgebrannt und überfordert. Wollen wir das wirklich unseren Töchtern und Enkeltöchtern hinterlassen?

Mit diesem Buch erzähle ich dir einen Teil meiner Geschichte und nehme dich auf eine kleine Reise mit. Sie soll dir helfen, deinen eigenen Weg zu erkennen und deine eigene innere Stimme wiederzuentdecken und diese zu erheben. Für dich! Es ist an der Zeit, dass wir aufhören, uns herumschubsen zu lassen, zu verbiegen, immer weiter anzupassen, bis wir in das Leben von anderen Menschen passen. Es ist an der Zeit, dass wir die Superwoman wieder in uns entdecken und uns erlauben zu sein, wie wir sind. Nicht alles muss immer einen bestimmten Grund haben, manchmal sind die Dinge einfach, wie sie sind.

Lass uns gemeinsam den Weg zur Selbstliebe gehen, in eine erfüllende Beziehung mit dir und allen anderen. Sich selbst fühlen und mit dem Blick der Liebe zu betrachten, macht uns zu bewussten Wesen. Es eröffnet uns völlig neue Sichtweisen und führt uns auf eine Ebene, auf der alles möglich ist. Sich selbst zu lieben führt uns in eine harmonische Beziehung mit uns selbst, und diese ist die Grundvoraussetzung für jede andere Beziehung. Weichheit, Weisheit, Empathie, emotionale Stärke, eine besondere Aufnahmefähigkeit und Empfänglichkeit für Sinneseindrücke, Nähren, Gebären, Fürsorglichkeit, Intuition, Warmherzigkeit, Hingabe, Kommunikation, Geduld, Spiritualität und die Fähigkeit, uns ganz zu fühlen: Das alles sind große Geschenke, die wir nutzen sollten, anstatt sie abzulehnen.

- Weichheit ist keine Schwäche.
- Hingabe ist keine Abhängigkeit.
- Die besondere Fähigkeit der Kommunikation ist kein Getratsche.
- Spiritualität ist keine Spinnerei.
- Die Fähigkeit, uns ganz zu fühlen, ist weder Launenhaftigkeit noch Sentimentalität.

Wir müssen uns nicht messen oder in einen Wettstreit treten, nicht mit Männern und auch nicht mit anderen Frauen.

Steh für dich ein und gestehe das auch all den anderen Frauen zu. Hör gut zu, wenn du ihre Geschichten hörst. Lasst uns ehrlich miteinander sein. Wir müssen unsere Geschichten nicht verstecken, sie auch nicht schöner reden, als sie sind. Wir haben alle etwas zu sagen. Lasst uns unsere Stimmen nutzen. Für uns und füreinander. Lasst uns unsere Herzen weit werden lassen, einander erkennen und vergeben.
Wir dürfen erkennen, wer wir sind. Du darfst dich erkennen. Dich annehmen. Dich lieben. Such dich nicht in jemand anderem, denn dort wirst du dich nicht finden. Du bist einzigartig und wundervoll!

Meine Empfehlung für dich:

Nimm dir Zeit, die nachfolgenden Kapitel auf dich wirken zu lassen. Galoppiere nicht durch meine Zeilen, sondern fühle sie. Mach Pausen. Wiederhole die Passagen, die etwas in dir bewegen, und spüre, wie sie sich beim zweiten Lesen anfühlen. In Kapitel 11 findest du eine heilende Meditation. Diese habe ich als Audiodatei für dich eingesprochen und du findest sie als kostenlosen Download auf meiner Webseite:

https://kindofbeauty.de/buch-meditation

Ganz viel Liebe für dich und viel Freude beim Meditieren.

Kapitel

1

Superwoman und der Feind in meinem Kopf

Verflixt, wann habe ich es nur vergessen? Wann habe ich aufgehört, an meine Superkräfte zu glauben? Daran, dass ich alles kann, was ich will. Dass ich alles erreichen kann, wann ich es will und wie ich es will. Dass ich gut bin so, wie ich bin. Wann habe ich ihn verloren, den Glauben an mich selbst, die Liebe zu mir, und bin in den Dialog mit meinem Verstand getreten? Mit diesem Teil in mir, der irgendwann begonnen hat, mir ständig fremde Spiegel vorzuhalten. Wann habe ich begonnen, anderen mehr zu glauben als mir selbst?

Als ich meine wundervolle Weichheit in Härte gegen mich selbst getauscht habe. Meine Hingabe in Verbissenheit verwandelt habe, um großen Zielen hinterherzulaufen. Ziele, von denen ich heute sagen kann, dass es nicht immer wirklich meine eigenen waren, sondern dass die angepasst waren an die Erwartungshaltungen anderer. Meine Intuition hinter der Logik meines Verstandes versteckt habe. Als das große Wenn-Dann-

Spiel begann, mich immer wieder in Vergleiche gezwungen oder mir eigene Bedingungen auferlegt hat, die ich allesamt erst einmal glaubte erfüllen zu müssen, um gut zu sein, und als ich, blauäugig und ahnungslos, in dieses Spiel eingestiegen bin. Als das Spiegelkabinett, das wir alle von der Kirmes kennen, zu meiner Wirklichkeit und ich immer kleiner wurde. Diese vielen verschiedenen Spiegel, die das Bild von mir gekonnt verzerrt haben und das nicht nur körperlich, sie haben etwas mit meinem Herzen gemacht. Still und leise und unaufhaltsam. Immer mal wieder einen Stich ins Herz, und mit jedem Stich wurde Superwoman kleiner und zog sich immer mehr zurück. Gemütlich hat sie es sich hinter den Mauern gemacht, die sie bravourös und mit einer unglaublichen Geschicklichkeit um sich herum errichtet hatte. Einen exakten Zeitpunkt für diese Verwandlung von Superwoman in eine Ich-bin-nicht-gut-genug-Frau kann ich gar nicht wirklich benennen. Es war wohl eher ein schleichender Prozess und zwar so schleichend, hin und wieder schmeichelnd (damit ich nicht vollends den Mut verliere), dass er mich mit Leichtigkeit überrumpeln konnte.

Lass mich eins schon einmal vorwegnehmen: Jede Frau hat ihre Herausforderungen im Leben. Und jede geht unterschiedlich damit um. Es gibt kein Besser oder Schlechter. Du wirst als liebevoller, liebenswerter und wertvoller Mensch geboren. Das ist die Wahrheit über dich und daran hat sich seit deiner Geburt nichts geändert. Du musst keine Höchstleistungen vollbringen, nicht hart an dir arbeiten, dich nicht verbessern, um ein besserer und wertvollerer Mensch zu werden. Selbstwertgefühl kannst du nicht an der Ladentheke kaufen. Du kannst es nicht mit übermäßig viel Arbeit kompensieren. Du bekommst es auch nicht, wenn du dich als "Everybody's Darling" anbietest. Dich selbst wertvoll zu fühlen beginnt immer damit, dich so anzunehmen, wie du bist. Das ist dann auch schon der schwerste Teil, aber kein Grund dafür, nicht schon heute damit zu beginnen. Lass uns mal wieder an uns selbst glauben.

Als junge Frau glaubte ich, ich wäre ein "Big City Girl". Die Welt sollte mir gehören, ich wollte sie erobern, riechen, fühlen, schmecken und frei leben. Ich wollte es besser machen und zwar in jeder Hinsicht. Auf gar keinen Fall wollte ich als Frau so leben wie meine Mutter, die, geprägt von der Zeit, in der Frauen am besten nicht selbstständig denken, nicht arbeiten gehen, sondern zu Hause Heim und Herd beleben sollten, ihre Rolle eingenommen hat. Und das tat sie großartig, mit Hingabe und bedingungsloser Liebe für die Familie. Unglücklicherweise nicht für sich selbst und ich habe sie lange Jahre nicht verstehen können. Wenn ich ganz ehrlich bin, dann habe ich sie die meisten Jahre gar nicht richtig sehen können. Ich habe sie auf die Rolle der Mutter und dienenden Ehefrau reduziert. Auf eine Rolle, mit der ich mich weder in meiner Teenagerzeit noch später, als ich selbst schon Mutter und Ehefrau war, identifizieren konnte und wollte. Und nur mal so am Rande, wirklich besser gemacht habe ich es nicht. Ich habe in vielerlei Hinsicht das gleiche Leben gelebt. Vielleicht auf einer anderen Ebene. Ich war sicher „lauter", rebellischer, und ich glaubte auch, ich sei viel stärker als meine Mutter. Auf jeden Fall nach außen. In mir sah es, ehrlich und nüchtern betrachtet, anders aus. Denn den Kampf gegen mich selbst, gegen die, die ich in meinem Herzen war und bin, dieser Kampf, der so kräfteraubend und selbstverzehrend ist, den habe ich auch gekämpft. Und nicht selten habe ich mich kleinmachen lassen. Wie heißt es so schön: Hunde, die bellen, beißen nicht. Ich habe viel und laut gebellt. So ist das im Leben, wir müssen Erfahrungen machen und zwar eigene, damit wir lernen. Und dann können wir es besser machen. Was nicht bedeutet, dass wir es vorher schlecht gemacht haben. Wir wussten es nur nicht besser. Vielleicht haben wir es auch nur nicht sehen können oder wollen. Mir jedenfalls ging es so. Das, was ich dann irgendwann wahrgenommen habe, war das leise Gefühl, dass es sich nicht richtig anfühlt. Ich fühlte mich nicht richtig.

> Einer der schwersten Kämpfe ist zwischen dem, was du fühlst, und dem, was du zu wissen glaubst.

Gelernt habe ich als Mädchen erst einmal, dass Frauen offensichtlich nicht so viel wert sind, denn sie verdienen ja kein Geld und tragen nichts zum Erhalt des Familienlebens bei. Dafür schmeißen sie aber den ganzen hart verdienten Schotter des Mannes mit beiden Händen zum Fenster raus. Das hat die Abhängigkeit von Frauen extrem erhöht und die Angst vor einem sozialen Abstieg bei einer eventuellen Trennung war gigantisch und ist es bis heute noch in vielen Frauenköpfen. Spätestens, wenn der erste Nachwuchs da ist, geht sie auch heute noch in vielen jungen Familien los: die Diskussion um das liebe Geld. Und wenn du nicht vorher schon gerne nach Rechtfertigungen gesucht hast, warum du dir dieses oder jenes gönnst, dann passiert es oft ab genau diesem Moment. Es ist ja jetzt nicht mehr „dein Geld". Das fördert nicht nur die Angst vor dem Verlust des sozialen Status im Falle einer Trennung, sondern vor allem die Angst davor, finanzielle Not zu leiden. Das schürt den Wunsch nach einem Versorger. Und ich glaube, verändert hat sich seit der Zeit meiner Mutter nicht wirklich viel. Auch wenn wir es gerne so sehen und glauben wollen. Denn obwohl wir Frauen heute alle im Beruf sind, scheinen wir nicht gleich viel wert zu sein. Der Unterschied in der Bezahlung, bei gleicher Qualifikation und Leistung, ist noch immer gigantisch, und der Druck – selbst gemacht oder nicht – für junge Mütter, möglichst schnell wieder in den Beruf einzusteigen, ist enorm.

Die Gründe hierfür mögen vielfältig sein. Manche Berufe sind sicher unterbewertet, es mag eine rollenstereotype Auswahl des Berufs geben, Teilzeit, Vereinbarkeit mit Familie und vieles mehr. All das wird ständig neu diskutiert und neu erhoben. Dennoch sage ich, dass es auf jeden Fall gutes Futter für die Ich-bin-nicht-gut-genug-Frau ist. Also nicht so direkt ins Gesicht, nein, es füttert sie eher ganz subtil. Schließlich identifizieren wir uns doch alle ganz wunderbar mit unserem Job und wenn der weg ist oder pausiert, ja, wer bin ich denn dann? Geld und Status scheinen wichtig zu sein – hast du viel, bist du viel. Dieser Glaubenssatz hält sich bis heute hartnäckig und sorgt für viel Mangel und Leid bei Frauen und Männern gleichermaßen.

Eines war somit für mich damals schon recht früh klar: Ich wollte es anders machen und zur Not bräuchte ich auch keinen Mann, auf jeden Fall keinen Versorger. Selbst ist die Frau und ich sowieso. So waren Unabhängigkeit und Selbstständigkeit für mich wichtig, denn so sind sie, die Superwomen. Und so wollte ich sein: unabhängig, selbstständig, stark, erfolgreich und glücklich. Bis ich die ersten Besuche im Spiegelkabinett machte. Auf der einen Seite diese große bunte Welt, in der es immer mehr ab und ich immer mehr haben wollte, damit ich jemand war, und auf der anderen Seite die große Benimmbibel.

Das Spiegelkabinett

Oder soll ich es den "Markt der Eitelkeiten" nennen? Die Eitelkeiten ändern sich, aber der Markt bleibt derselbe. Der Eintritt in die Welt des ewigen Vergleichs. Unser Bildungssystem bastelt fleißig an der Ausbildung des Einheitsschülers, Arbeitgeber haben lieber Arbeitnehmer, die sich mit der Kopfform eines Zäpfchens brav in den Hintern des Vorgesetzten quetschen, und es scheint hilfreich, wenn wir mit unseren Mänteln an der Garderobe auch gleich unser Hirn abgeben. Wir sind die Firma und das bedeutet natürlich auch, dass wir 24/7 erreichbar sind. Feierabend wird überbewertet, denn die paar E-Mails können wir auch am Abend zu Hause noch beantworten. Selbstverständlich sind die Arbeitszeiten gesetzlich geregelt (§3 Arbeitszeitgesetz), aber die Praxis geht auch heute noch vielfach andere Wege. Zur Not hilft hier nicht nur die gewünschte Identifizierung mit dem Unternehmen, sondern der direkte Vergleich mit Kollegen und die Angst vor dem Verlust des Arbeitsplatzes.

Die Werbeindustrie setzt noch einen oben drauf und formt Prototypen für männliche und weibliche Idealwesen. Die Modeketten tun das Ihrige, um mit möglichst günstig hergestellten Klamotten ein einheitliches Bild zu schaffen. Alles geht, solange es immer wieder neu ist UND ins Bild passt. Es scheint einfacher zu sein, eine Masse Menschen zu führen, wenn sie alle gleich sind. Denn so hat der Einzelne viel mehr Angst davor, aus der Rolle zu fallen. Wir wissen doch, niemand ist unersetzlich. Die Social-Media-Welt gaukelt auf allen Kanälen vor, es lebe der Filter, die Maske und ein Hoch auf den Mainstream. Wie zum Henker sollen wir da bei uns bleiben?

Wir lernen früh, dass es besser ist, in der Masse nicht aufzufallen. Wenn wir Pech haben, dann lernen wir das bereits in unserem Elternhaus. Die meisten haben Pech. Denn auch unsere Eltern leben, was sie gelernt haben. Sie wollen uns schützen und nur das Beste für uns. Wenn sie es besser wüssten oder könnten, dann würden sie es besser machen. Ich will hier also nicht meinen Zeigefinger erheben und urteilen. Vielmehr bitte ich dich, genau hinzuschauen. Frag dich hin und wieder: Ist das wirklich so? Je mehr wir uns verglei-chen, umso mehr leben wir diesen Vergleich und wir beginnen, ihm zu glauben. Wenn wir uns ständig mit Menschen umgeben, die uns erzählen, was alles nicht klug von uns ist, wie wir uns verhalten sollten und wie wir aussehen sollten, dann beginnen wir das zu glau-ben. Und wir machen fleißig mit! Vielleicht fühlst du sogar einen inneren Widerstand. Irgendwie scheint sich das nicht gut anzufühlen. Die Welt erscheint falsch, sie entspricht so gar nicht dem, was unser wahres Wesen ist, aber wir machen fleißig weiter mit und füttern unseren Minderwert. Wir können gar nicht gut genug sein, weil es immer noch besser geht. Willkommen zur Geburtsstunde der Ich-bin-nicht-gut-genug-Frau.

Wir hören nicht nur immer die gleiche Leier und glauben ihr, sondern wir beginnen selbst damit, Beweise für diese Worte heranzuziehen. So zum Beispiel, indem wir uns in den unterschiedlichsten Situationen unbewusst beweisen, dass wir nicht klug, schön und gut genug sind. Glauben wir fest genug daran – und auch das meistens sehr unbewusst –, dass wir nicht gut genug sind, dann trauen wir uns irgendwann gar nicht mehr, uns so zu zeigen, wie wir wirklich sind. Wir finden mit Sicherheit auch immer wieder Menschen oder scheißschlaue Ratgeber, die uns gerne bestätigen, dass wir noch hart an uns arbeiten müssen, um gut zu sein. So verlieren wir langsam, aber sicher das Gefühl für uns selbst. Das Spiegelkabinett scheint endlos zu sein, denn sobald wir glauben, wir hätten die eine Krise vorm Spiegel beendet, zeigt sich auch schon der nächste Spiegel in neuem Licht und die nächste Krise grinst uns frech entgegen. Diese falsche Wahrnehmung schafft eine sehr instabile Basis und beruht ausnahmslos darauf, dass es uns wichtig ist, was ein anderer von uns denkt.

Aber ist das wirklich wichtig? Wie wäre es, wenn wir gemeinsam die Superwoman in uns zu neuem Leben erwecken und beginnen, für uns einzustehen? Weg mit den ewigen Vergleichen, ob eine andere schönere Haare, weißere Zähne, den knackigeren Hintern, die längeren Beine, den schöneren Busen, die „besseren" Kinder, den cooleren Typen, den erfolgreicheren Job hat. Weg mit der selbst erstellten Mängelliste, als wären wir ein klappriges, altes Auto bei der Vorstellung zum TÜV. Eine Mängelliste, mit der wir nur einen füttern, nämlich unseren Minderwert und somit die Ich-bin-nicht-gut-genug-Frau in uns.

Es macht so müde, immer zu lächeln und sich selbst zu verleugnen. Es macht so müde, nicht für sich einzustehen! Lasst uns versuchen, die Perspektive zu wechseln, einen Schritt zurückzutreten, eine Pause zu machen, zu atmen und zu erkennen, dass das nicht wir sind, sondern nur ein vorgefertigtes Bild von jemandem, der wir glauben zu sein oder sein zu müssen. Menschen neigen dazu, ihre Augen auf scheinbare Mängel zu richten und dabei verlieren sie den Blick für die Liebe in ihren Herzen. Schau mal rein in dein Herzchen. Und nimm dich liebevoll in den Arm. Beginne, freundlich mit dir zu sein, entlasse den abwertenden Blick, mit dem du dich betrachtest, und schenke dir Liebe. Es heißt nicht ohne Grund „Liebe deinen Nächsten wie dich selbst." Wie sollen wir unseren Nächsten bedingungslose Liebe schenken, wenn wir es so sehr gewohnt sind, an uns selbst nur rumzumäkeln. Wenn ich mir selbst nicht gut genug bin, wie sollte es dann jemals ein anderer sein?

Angefeuert wird dieses Verhalten von einem gefährlichen Spiel, dem "Wenn-Dann-Spiel". Es ist ein beliebtes Spiel, welches sich durch alle Beziehungen zieht. Und wir sind mit allem in Beziehung. Mit unseren Eltern, Kindern, Lehrern, Freunden, Vorgesetzten, Kollegen, der flüchtigen Begegnung im Supermarkt oder an der Tankstelle … und mit uns selbst. Das "Wenn-Dann-Spiel" gibt es in unendlichen Varianten und wird gerne eingesetzt, um zu manipulieren, ganz besonders gerne auch uns selbst. Wenn du das tust, dann … Ich bin sehr sicher, dass dir dieses Spiel bekannt vorkommt. Weil es so effektiv ist, übernehmen wir es auch gleich, richten es gegen andere. Fast wie durch Zauberhand hören wir uns selbst sagen, was wir doch so sehr hassen: Wenn du das für mich tust, dann … Wenn du mir nicht hilfst, dann bin ich ganz traurig. Die Werbeindustrie liebt dieses Spiel ebenso, kann sie uns doch damit glauben machen, dass wir unbedingt noch dies oder jenes brauchen, damit wir erfolgreich, schön, sexy sind. Eine wirklich heftige Waffe, vor allem im Einsatz bei Kindern. Und weil wir im Laufe unseres Erwachsenwerdens so unglaublich gut darauf gedrillt wurden, wirkt sie auch. Sie wird auch nicht minder heftig, wenn wir sie gegen uns selbst richten: Wenn ich fünf Kilo abnehme, dann bin ich attraktiv. Wenn ich viele Überstunden mache, dann werde ich gelobt und befördert. Wenn ich für meinen Partner dies oder jenes mache, dann liebt er mich. Damit erstellen wir ein großes Arsenal an Bedingungen, welche wir glauben, erst erfüllen zu müssen, um irgendwann gut zu sein. Unglücklicherweise machen wir so auch die Liebe zu einer Bedingung und knüpfen sie an solche. Ein echtes Spieleparadies für den Feind in meinem Kopf, den Antreiber, den ewig Unzufriedenen und immer alles besser Wissenden, den Folterknecht für die Ich-bin-nicht-gut-genug-Frau. Ich glaube, er ist es auch, der die Einträge in meine ganz persönliche Benimmbibel schreibt. Damit meine ich nicht nur das Meer von Erwartungen anderer an mich, sondern den Ozean der Erwartungen an mich selbst. Der Feind in meinem Kopf ist toll, er vergisst nie und ist immer bereit, mir die nächste Steilvorlage für ein anständiges Ich-bin-nicht-gut-genug-Gefühl zu liefern. Überdies liebt er es, mich abzulenken. Er feiert es, wenn ich mal wieder stundenlang den Instagram-Feed oder andere Vergleichsportale rauf- und runterscrolle,

Fernsehen bis zur Besinnungslosigkeit konsumiere, Serien nonstop schaue, bis ich nach der fünften Folge nicht mehr weiß, was in der zweiten passiert ist. Denn er weiß, was ich erst spät begriffen habe: Jede Ablenkung und jeder Vergleich, jedes Bemühen, sich selbst zu optimieren, bringt dich weiter von dir weg. Nix mit Selbstliebe und so. Wer liebt sich schon selbst, wenn sie weiß oder irgendwo in sich fühlt, dass sie nicht gut genug ist?

In einem Land, in dem mich keiner kennt – ich mich auch nicht

Gut konditioniert, wie kleine dressierte Eichhörnchen, huschen wir durch das, was wir Leben nennen. Nett getarnt, möglichst unauffällig und leise machen wir uns auf die Suche nach den feinen Nüsschen, den kleinen und großen Erfolgen, von denen wir uns erhoffen, dass sie uns nähren. Erfolg im Job, in der Liebe, in der Beziehung. Denn so haben wir es gelernt. Mit dem Erfolgreichsein geht einher, dass wir so sind, wie man es von uns erwartet. Stolz sollen sie auf uns sein. Darauf wurden wir vorbereitet. So sah dann auch dieser Vorbereitungskurs vor, dass man uns von klein auf sehr deutlich zu verstehen gab, wie wir nicht sein sollen und was man im Umkehrschluss von uns erwartete. Ein perfektes Korsett aus Anpassungsforderungen soll uns Halt geben und uns vielleicht den gesellschaftlichen Sinn des Lebens erschließen. Damit wir das gut verinnerlichen, begleiteten uns Sätze wie diese: „Sei nicht

so vorlaut, du darfst reden, wenn du dran bist. Hör
auf rumzuzappeln, sitz still. Gib keine Widerworte, sei
brav." Wenn wir zu laut lachten und albern waren, dann
ermahnte man uns, ruhig zu sein und nicht so kindisch.
Wenn wir vor Wut die Fäuste ballten, weinend und
schreiend das Zimmer verließen, dann hielt man uns
an, uns zu entschuldigen und niemals wieder gegenüber Erwachsenen die Stimme zu erheben. Gegessen
wurde, was auf den Tisch kam, und der Teller musste
leer gegessen werden, wegen des Wetters und so. In
der Schule wurden und werden wir immer früher darauf
vorbereitet, dass wir hart arbeiten müssen, damit aus
uns etwas wird. Ergo sind wir noch nichts und machen
uns weiter auf die Suche. Auf jeden Fall geht es immer
noch besser.

Das zieht sich wie ein roter Faden durch alle Gesell-
schaftsschichten, durch das ganze Leben, und macht
natürlich auch keinen Halt vor dem, was wir konsumieren. Wer will schon einen Apfel mit einer kleinen Delle?
Eine Banane, die nicht die Europäische Durchführungs-
verordnung[1] erfüllt, schafft es erst gar nicht zu uns. Und
die, die es in unsere Supermärkte schaffen, die sind
noch einmal in Klassen unterteilt. Extraklasse, Klasse 1,
Klasse 2. Fällt dir was auf?

Naja, wenn es die Banane schon nicht schafft, wenn
sie nicht den Mindeststandard erfüllt, wie bitte sollen

[1]Durchführungsverordnung (EU) Nr. 1333/2011 der Kommission vom 19. Dezember 2011 zur
Festsetzung von Vermarktungsnormen für Bananen, von Bestimmungen zur Kontrolle der
Einhaltung dieser Vermarktungsnormen und von Anforderungen an Mitteilungen im Bananen-
sektor, Quelle: https://eur-lex.europa.eu/

dann wir jemals dem gerecht werden, was von uns erwartet wird? Ganz gleich, wie ich es drehe und wende, ich kann nicht anders, als zu sagen, wir lernen früh, dass etwas mit uns falsch ist. Eigentlich können wir gar nicht gut genug sein, das sagte jedenfalls die Ich-bin-nicht-gut-genug-Frau in mir auch immer. Weil wir nicht gut genug sind, sind wir auf der Suche nach der, die wir wirklich sind. Willkommen im Land, in dem mich keiner kennt. Ich mich auch nicht. So vieles ist auf dem Pfad des Erwachsenwerdens liegen geblieben, zurück-gelassen, abgeladen, unterdrückt und ignoriert worden, um letztendlich im Graben zu landen, damit viel Gras drüber wachsen kann. Was bleibt, ist das mulmige Gefühl, dass irgendetwas mit uns nicht stimmt. Ich bin durch viel Leid gegangen, damit ich begreifen könn-te, was da nicht stimmt und dass es nicht ich bin, die falsch ist.

In meinem Herzen war ich schon immer eher eine kleine Punkerin. Ich wollte anders sein. Ich fühlte, dass es da ganz viel mehr geben musste, denn so konnte diese Welt nicht sein oder ich war hier falsch. Ich fühl-te mich oft falsch. Viele Dinge fühlten sich nicht echt an, und ich habe schon damals nicht verstanden, warum Menschen so komisch miteinander sind. Mobbing in der Schule und im Job sind auch für mich kein Fremdwort, auch wenn es damals noch nicht Mobbing genannt

wurde. Es wurde schon zu meiner Jugendzeit gerne
heruntergespielt. Wenn nicht von den anderen, dann
haben wir es kurzerhand selbst klein geredet, um es
besser aushalten zu können. Die kleinen Hänselei-
en, wie man sie liebevoll nannte, sind doch nicht so
schlimm. Im schlimmsten Fall gab es zu Hause noch
eine Extraportion Ärger, weil du wegen der „kleinen
Hänseleien" heulend in der Ecke saßest. Da musst du
durch, hieß es. Irgendwie haben wir ja auch geglaubt,
dass da was dran sein muss, wenn das so viele sagen.
Auf jeden Fall immer wieder neues Futter für die sich
damals noch im Wachstum befindende Ich-bin-nicht-
gut-genug-Frau.

Tröstende Worte habe ich mir selbst oft genug ge-
spendet. Das wird schon wieder. Damit das wieder
wird, passt du dich besser an, und wenn du dich dafür
verbiegen musst, dann ist das eben so. Wie sagt man
so schön: Auf Biegen und Brechen. Da ist was dran.
Denn wenn du dich zu sehr verbiegst, dann brichst du.
Ich fühlte mich oft gebrochen. Das war jedoch nicht
die Welt, die ich in mir fühlen konnte. Meine Welt war
groß und rein, manchmal auch ganz schön rosa. In mir
war so viel Raum für wahrhaftige Liebe, frei von Bedingungen. Ich konnte nicht nachvollziehen, warum manche Menschen gleicher sein sollten als andere. Meine
innere Welt war so ganz anders und trat in Konflikt mit

dem, was außen war. So habe ich es in meinen verschiedenen Lebensabschnitten immer wieder erfolgreich geschafft, mir diverse Zwangsjacken anzuziehen. Je enger die Zwangsjacke, umso besser klappte das mit dem Verbiegen und der Anpassung. Und wenn sie fest genug geschnürt war, dann war der Schmerz innen ein bisschen betäubt und das half mir dabei, alles nicht so zu fühlen. Ich geriet jedoch immer wieder in eine große Disharmonie zwischen meinen Gefühlen, Gedanken und dem, wie ich mich dann wirklich verhalten habe. Also zwischen dem Menschen, der ich wirklich war, und dem Menschen, der ich vorgab, zu sein, oder mit der Rolle, die ich gerade spielte.

Das Leben ist eine Geschichte, die wir aus den Gedanken, Gefühlen und Emotionen weben, die wir jeden Moment erleben. Dennoch leben wir den Großteil unseres Lebens in den Erinnerungen unserer Vergangenheit und den Erwartungen der Zukunft. Selten leben wir in der Reinheit der Gegenwart, dem einzigen Ort, an dem unser wahres Selbst jemals gefunden werden kann. Wir übernehmen bereitwillig verschiedene Rollen und leben diese in den unterschiedlichen Beziehungen oder Jobs aus. Meine persönlichen Rollenspiele, die ich eingenommen und mit denen ich mich identifiziert habe, sind beispielsweise: „Ich bin eine Mutter", „Ich bin eine Ehefrau", „Ich bin eine Tochter", „Ich bin eine

Autorin." Es scheint völlig natürlich, dass wir uns mit diesen Rollen identifizieren und versuchen, sie bestmöglich auszufüllen. Wir glauben, dass wir uns Sicherheit und eine Daseinsberechtigung geben, wenn wir uns mit diesen Rollen eine Form, eine Identität geben. Schwierig wird es für uns immer dann, wenn uns diese Rollen nicht mehr zufriedenstellen. Wenn sie aufhören, uns ein positives Selbstwertgefühl zu vermitteln. Oder wenn wir diese Rollen unbewusst dazu benutzen, in die Erwartungshaltung anderer Menschen zu passen. Uns anpassen. Ab diesem Moment fühlen wir Angst, Verlust, Leere oder Verwirrung, und wir spüren unser wahres Selbst nicht mehr. Wir gehen immer wieder faule Kompromisse ein, damit der Schlüssel ins Schloss passt und wir in das Leben und die Vorstellungen der anderen.

Fast all meine faulen Kompromisse gingen dabei immer auf das Konto meines Selbstwertes und das hat natürlich Wunden hinterlassen. Das waren lange Zeiten meines Lebens, in denen ich mich falsch gefühlt habe. Manchmal habe ich geglaubt, ich bin in einem schlechten Film und ich müsste nur wach werden. Wie recht ich doch damals schon damit hatte, das war mir nur nicht wirklich bewusst. Es war nur so ein tiefes inneres Gewahrsein, über dem noch ein riesiger Schleier des Unbewussten lag. Denn das ist es, was passiert, wenn wir bewusster werden – wir werden wacher. Bewusstsein braucht Zeit, und der Lehrer auf diesem Weg in mehr Bewusstheit ist das Leben mit all den vermeintlichen Fehlern und Umwegen, die fast alle ausnahmslos durch das Leid zu mehr Weisheit führen. Unglücklicherweise sind heute selbst Worte wie Bewusstsein und Achtsamkeit irgendwie verbraucht, spätestens ab dem Moment, als die großen Konzerne und mit ihnen die Werbeindustrie auf diesen Zug aufgesprungen sind. Kosmetikriesen verkaufen uns ihre Gesichtsmasken, indem sie auf ihren Webseiten in kleinen Artikeln über Achtsamkeit ihre Produkte bewerben und Google liefert zu diesem Begriff etwa 6.9 Millionen Suchergebnisse! Achtsamkeit ist zu einem Megatrend geworden. Aber Wörter sind leere Hüllen, wenn wir sie nicht mit bewusstem Sein füllen.

Ich habe oft darüber gesprochen, dass wir uns im Land der Scheinheiligen befinden, und dort habe ich mich nie wohl gefühlt. Die Scheinheiligen, das sind die, die ihre großartige Daseinsberechtigung ausschließlich damit begründen, dass sie diverseste Scheine, Zertifikate, Titel, Besitz oder sonstige Berechtigungen haben, die ihnen die Legitimation geben, sich über andere Menschen stellen zu dürfen. Achtsam natürlich. Das kann auch einfach nur das Geschlecht sein oder die Position im Job oder die Religion, die sie glauben lässt, etwas Besseres zu sein. Sie hinterfragen sich nicht oder nur einseitig, sie sind vollgestopft mit theoretischem Wissen und haben eine vorgegebene Weisheit für sich gepachtet. Scheuklappen zu.

Menschen glauben immer, ihnen müsse etwas gehören. Das scheint ihnen ein Gefühl der Wertigkeit zu verleihen. Jedenfalls identifizieren sich die meisten Menschen (bis auf ein paar wenige „wache") so sehr durch Dinge, Rollen, Status und Besitztümer, dass sie nicht darüber hinaus sehen können und sofort in die Verteidigung oder direkt in den Angriff gehen, wenn sie das Gefühl haben, sie – also ihre Identifikation mit der Rolle, dem Status oder dem Besitz – werden infrage gestellt. Was ich in diesem Fall als völlig normal empfinde, denn wenn man sich mit etwas identifiziert und glaubt, man ist so oder etwas, dann fühlt sich der Verstand angegriffen. Es reagiert das Ego. Auf ihr Herz hören diese Menschen schon lange nicht mehr. Sie können es nicht, weil die Verbindung zum Herzen gekappt ist. Menschen verlieren sich, weil sie ihre innere Stimme nicht mehr hören. Der mentale Lärm in ihnen ist so groß, dass sie sich in ihrem wahren Wesen ganz klein machen. Glück und Erfüllung werden heute erst dann empfunden, wenn wir stolz auf uns sein können, weil wir etwas erfolgreich geschafft haben. Die Definition von „erfolgreich" wird dabei immer wieder auf eine

neue Messlatte geschrieben, damit man nach Höherem strebt. Das ist Wahnsinn und nur die Wahnsinnigen zerstören. Sich selbst, andere, Mutter Erde ...
Das ist nicht und war nie meine Welt.

Die Idee von Erfolg, Liebe und Beziehung

Ich wollte also anders sein und befand mich auf direktem Weg, mich selbst zu verlieren. Ich bin, ohne mir dessen bewusst zu sein, mit Anlauf in genau das reingelaufen, was mich weit von mir selbst wegtragen sollte. Vielleicht hattest du ähnliche Erlebnisse, ich schreibe dir jetzt von meinen, dem Abschied von Superwoman und dem Eintritt in das Land, in dem mich keiner kennt, ich mich auch nicht.

Mit 22 Jahren, das war 1989, war meine erste große Liebe – oder das, was ich damals so bezeichnet habe – nach fünf Jahren endgültig aus. Wir hatten viele Ups und Downs, und ich habe in diesen fünf Jahren insgesamt fünfmal Schluss gemacht. Irgendwann waren wir dann verlobt, besser gemacht hat die Verlobung natürlich gar nichts. Ich war sehr gutgläubig und wann immer ich ihn wiedersah, bin ich zu ihm zurückgekehrt. Und das, obwohl ich mehrfach betrogen wurde (das sollte mir in meiner späteren Ehe dann noch einmal passieren). Loslassen war definitiv nicht meine Stärke. Die Angst vor Verlust war viel zu groß, und meine Identifikation mit dieser Rolle als Verlobte zu stark. Ich glaubte so sehr an diese Liebe und die Beziehung. Heute kann ich sagen, dass es wohl eher die Idee von Liebe und die Idee einer Beziehung war, an die ich geglaubt habe. Damals fehlte mir das Bewusstsein dafür. Weißt du, diese Idee von einer glücklichen Liebe, einer erfüllten Beziehung, mit rosarotem Himmel, ein paar Geigenspielern, ewiger Treue, einem Haus, einem Garten, einem Hund, Kinder, ich als fürsorgliche, liebende Mutter, erfolgreiche Frau und treue Ehefrau und so. Ich war in diese Idee verliebt. Das wollte ich doch schon als kleines Mädchen und gesellschaftlich war das auch ziemlich hipp. Ich denke, das trifft es ganz gut. Und wenn wir verliebt sind, dann sind wir ja ein wenig blind für die Wahrheiten, leider auch oft für die eigene Wahrheit.

Wie ist deine Idee so? Ich meine deine Idee von Beziehung und Liebe. Wie sehr bist du bereit, diese für dich aufrechtzuerhalten? Dich für diese Idee zu verbiegen, bis du brichst und du dich als kleinen Seelenhaufen in tausend Scherben wieder findest? Diese Idee ist eng verwoben und abhängig von der Meinung anderer über dich. Schließlich hat ja nicht nur jeder eine Erwartung an dich, sondern auch immer einen scheißschlauen Spruch auf den Lippen. Ach, und all die ungefragten Ratschläge. Diese Idee, die wir nicht selten übernommen haben, weil es halt so ist oder man es so macht oder es gerne so gesehen wird. Beides vermittelt oder weckt in uns häufig genug das dringende Bedürfnis, uns zu rechtfertigen. Aber müssen wir das wirklich? Wir sind so tief in Bewertungen und Urteilen verwurzelt, dass es uns normal erscheint, wenn über uns geurteilt wird und wir uns rechtfertigen (müssen?). Wir selbst sitzen ja auch fest in diesem Boot. Es wird hinter dem Rücken völlig hemmungslos getuschelt und gelästert, bewertet und nicht selten verurteilt, was nicht der Norm oder dem Ideal entspricht. Ohne zu hinterfragen, was das bedeutet: normal und ideal?

Ich kann mich davon nicht ausnehmen. Früher habe ich mitgelästert, auch bewertet und geurteilt, ohne mir Gedanken darüber zu machen. Denk nur mal daran, was du so rauslässt, oder vielleicht hast du auch nur zugehört, wenn z. B. *Der Bachelor* im Fernsehen läuft. Oder Heidi Klum mit ihrer *GNTM*-Staffel ... Halleluja. Nur für den Fall, dass du so etwas nicht schaust, freu dich nicht zu früh. Wenn du ganz ehrlich zu dir bist, dann werden dir genug Momente einfallen, in denen du ordentlich mitgemischt hast. Es geht mir nicht um einen erhobenen Zeigefinger. Ich will dir helfen, zu erkennen. Solche Muster aufzulösen, um dich selbst zu befreien vom Urteil.

Wie oft richten wir unser Urteil gegen uns selbst? Machen uns in Gedanken nieder und lassen den Knüppel aus dem Sack. Stoßen uns ein Schwert nach dem anderen ins Herzchen, bis kein Blut mehr fließt und alle Tränen vertrocknet sind, weil wir leer sind. Wie sollen wir wahrhaftig für uns einstehen, zu uns selbst stehen, wenn wir so sehr in dem Muster von Bewertung und Urteil gefangen sind? Sollten wir uns nicht erst davon befreien? Manchmal ist es auch nur eine festgelegte Meinung, die uns über andere urteilen lässt.

So kam für mich damals das Thema Abtreibung überhaupt nicht infrage. Wie könnte man nur jemals so etwas tun? Und dann kamen die gängigen Floskeln dazu. Meine Abneigung zum Thema Abtreibung war schon sehr groß, man könnte auch sagen: sehr großkotzig und intolerant. Bis es mich selbst erwischte.

Meine Idee von so ziemlich allem platzte kurz nach der Trennung von meinem damaligen Verlobten. In den ersten drei Wochen nach der Trennung habe ich mich mit einem Freund getröstet, also nur so fürs Bett. Das war an sich schon einmal sehr unmoralisch in der damaligen Zeit, zumindest habe ich das so empfunden. Jedenfalls war diese einmalige Liaison von durchschlagendem Erfolg gekrönt: Ich wurde schwanger. Das war schon echt ein Schock, als ich wegen Unterleibsbeschwerden zum Frauenarzt ging und er mir mitteilte, dass ich schwanger sei. Das passte so gar nicht in meinen Traum vom Leben. In die Idee davon ebensowenig. Oder vielleicht doch? Ich wollte immer früh Mutter werden und mit 16 Jahren hatte ich ja bereits kundgetan, dass ich keinen Mann brauche, um

Kinder großzuziehen. Das nennt man dann wohl unbewusst gut manifestiert.

Meine allererste Reaktion, noch auf dem Stuhl beim Frauenarzt, war ohne zu zögern: Machen Sie das weg. Jetzt. Ich kann das nicht. Das geht doch nicht. Ich bin alleine. Wie soll ich das schaffen? Wie soll ich ein Kind ernähren? Wie soll ich meine Miete bezahlen? Was sollen denn die anderen von mir denken? Der arme Doktor war dezent überfordert und hat mit Engelszungen auf mich eingeredet und mir dann letztendlich sehr klar gemacht, dass das so nicht geht. Ich müsse zu einer Beratungsstelle und dort würde man mich aufklären und ich könnte einen Berechtigungsschein für eine Abtreibung bekommen. Ich bin also erstmal aus der Praxis rausgegangen und mein Gehirn lief auf Hochtouren. Was sage ich zu Hause und wie kriege ich die Kuh vom Eis? Mein Verstand war im absoluten Verteidigungsmodus, gefühlt habe ich zu diesem Zeitpunkt gar nichts, außer der eindeutigen Botschaft aus meinem Kopf: PANIK!

Und ich habe mich geschämt. So sehr dafür geschämt, dass ich einfach so mit einem Mann ins Bett gestiegen bin, meiner Lust freien Lauf gelassen habe und dann auch noch schwanger wurde. Meiner Mutter habe ich dann am Telefon erzählt, es sei alles wie vermutet, ich hätte eine Eierstockentzündung. Ihre Antwort auf diese

Behauptung war: Du lügst, Michi. Du bist schwanger. Ich habe das schon längst gesehen. Punkt – Ausrufezeichen – Ende. In genau diesem Moment gingen alle Schleusen auf und ich habe geweint, und all die Verzweiflung schien aus mir herauszufließen. Ich war so gefangen in dieser Panik, dass ich begann, mir eine Geschichte zurechtzulegen, warum ich dieses Kind auf keinen Fall würde bekommen können. Das, wo ich Kinder schon immer so unfassbar geliebt habe, alle Kinder, und ich wollte selbst doch mindestens drei. Doch meine empfundene Not schien größer als alle Liebe, die ich in mir trug. Ich konnte gar nichts fühlen außer einer enormen Angst, dem Gefühl, nicht gut zu sein, und der Sorge, was die anderen denken könnten. Ich: schwanger, alleine, kein Kerl, nix verlobt, nix verheiratet. Quasi aus einem One-Night-Stand. Wo stand sie jetzt, die alte Moralapostelin in mir, die gerne mal den Finger erhoben hat, um über andere zu richten? So wird also die Jägerin zur Gejagten. Gejagt habe ich mich hauptsächlich selbst.

Der Termin in der Beratungsstelle war schnell gemacht und mein Verstand extrem effizient im Zurechtlegen einer plausiblen Geschichte darüber, warum ich diese Abtreibung machen müsste. Ich musste diese Geschichte vor allem selbst glauben, denn sie war so gegen alles, was mein Herzchen fühlte, dass ich ohne diese gute Geschichte nicht einmal den Termin in der Beratungsstelle hätte wahrnehmen können. Ich weiß nicht, ob du dir das vorstellen kannst, aber wenn du weißt, du bist von einer öffentlichen Beratungsstelle abhängig, um eine Entscheidung treffen zu dürfen, dann ist das schon sehr beklemmend. Eine Entscheidung, die mich persönlich betraf. Die mein Leben für immer verändern würde. Die mich mit der Verantwortung alleine lassen würde. Wenn man sich dann noch einmal auf der Zunge zergehen lässt, dass ein Schwangerschaftsabbruch von der katholischen Kirche, allen voran von Papst Franziskus, mit einem Auftragsmord verglichen wird – und das 29 Jahre nach meinem hier beschriebenen Erlebnis –, dann macht mich das sehr, sehr traurig. Glaube mir, das macht etwas mit Menschen. Das fördert nicht gerade das Selbstbewusstsein oder Selbstwertgefühl. Ich hatte so sehr auf Angriff geschaltet, dass ich jegliches Gefühl für mich selbst verloren hatte. Mein Ziel war klar: Ich muss diesen Schein bekommen, egal wie. Schweißnass ging ich zu meinem Termin bei *Pro Familia*, nur einen Gedanken in meinem Kopf: Ich muss überzeugen, dass ich dieses Kind nicht austragen kann. Mein Gespräch hat gefühlt ewig gedauert und mir gegenüber saß ein sehr mitfühlender Mensch, der mich reden ließ, hin und wieder Fragen stellte und meine Not ernst nahm. Meine Erleichterung war enorm, als ich nach dem Gespräch nun endlich den Schein in der Tasche hatte und einen Termin zur Abtreibung vereinbaren konnte. Was ich dann auch tat. Zwischen dem Beratungsgespräch und der Abtreibung müssen mindestens drei Tage liegen, das ist noch heute so und es ist gut!

Mit dem Berechtigungsschein war bei mir der erste Druck weg. Ich konnte jetzt also alleine entscheiden, ob ich das wirklich will oder nicht. Mir ist sehr wohl bewusst, dass viele Frauen gerade in diesen Momenten von ihren Partnern oder von der Familie sehr beeinflusst werden. Ich kann dich nur auffordern, dass du mit allem Respekt und mit deiner ganzen Liebe auf eine andere Frau schaust, die sich in einer solchen Lage befindet. Denn es steht uns nicht zu, über andere Menschen ein Urteil zu fällen. Wir gehen nicht in ihren Schuhen. Wir fühlen nicht, was sie fühlen, und wir haben vor allem kein Recht dazu, uns über einen anderen Menschen zu erheben. Alles, was ich in diesen Momenten gebraucht habe, war das Wissen darum, dass ich okay bin, egal, wie ich mich entscheide. Du brauchst dann keine klugen Ratschläge, keine Vorträge darüber, was dann alles passieren wird oder wie du dich zu verhalten hast. Du brauchst niemanden, der dir sagt, was du zu tun hast. Und niemanden, der vielleicht noch mit Konsequenzen droht und massiv Druck aufbaut. Das, was du in diesem Moment wirklich brauchst, ist Information darüber, wie man dir helfen kann, diesen Weg zu gehen, egal, für welchen du dich entscheidest. Diese Informationen müssen frei zugänglich sein. Dir geht es ohnehin schon mies. Sich dann auf eine Informationsrallye zu begeben, um zu erfahren, was du wissen willst, macht doch keinen Sinn und hilft vor allem niemanden. Ich behaupte, dass keine Frau sich eine solche Entscheidung leicht macht. Und vor allem stehe ich als Frau am Ende alleine mit dem Kind da. Gut funktionierende familiäre Strukturen sind immer seltener. Die eigenen Eltern oft weit weg, oder selbst berufstätig, und Freunde verabschieden sich auch schnell, wenn es darum geht, Verantwortung zu übernehmen.

Wir haben Ohren bekommen, damit wir zuhören können, und nicht sofort unseren Mund benutzen, um unsere eigenen negativen Glaubenssätze, Sorgen und Ängste über jemanden zu stülpen. Glaube mir, Sorgen und Ängste, davon hat man als Frau in diesen Momenten selbst genug. Ich habe mich nach einem langen Wochenende, ganz viel Zeit mit mir alleine und mit vielen Gedanken dazu entschieden, dieses Kind zur Welt zu bringen und Leben zu schenken. Diese Entscheidung macht mich noch heute demütig und zutiefst dankbar und dennoch hat sie mir viele Jahre voller Ängste beschert. Ich habe mich damals für das Kind entschieden. Für mein Kind.

Nach dieser Entscheidung haben dann meine sogenannten Freunde über mich gerichtet. Für sie war ich nicht mehr gut genug. Nicht gut genug zu feiern, Spaß zu haben und offensichtlich für sie auch ein „leichtes Mädchen". Einer nach dem anderen hat sich von mir verabschiedet. Nein, nicht in einem ehrlichen Gespräch, sondern still und heimlich. Geblieben sind mir ein guter Freund und meine Eltern und Geschwister. Meine damalige Chefin hat mir sehr deutlich gemacht, dass sie das überhaupt nicht gut findet. Ich hätte besser abgetrieben. Das Arbeiten wurde zum Spießrutenlauf, bis ich mich endlich 3 Wochen vor der Mutterschutzzeit von meinem Frauenarzt krankschreiben ließ. Superwoman wurde schon in dieser Zeit immer leiser und der Feind in meinem Kopf hatte freie Bahn, mich fertig zu machen. Die Ich-bin-nicht-gut-genug-Frau in mir ließ die Puppen tanzen und feierte Tag und Nacht ihren Sieg über mich. Die Nichtanerkennung der Vaterschaft, die Gespräche beim Jugendamt, das darauf folgende Gerichtsverfahren und vor allem der Gang zum Sozialamt haben mir den Rest gegeben. Ich war niemand und ich konnte nichts. Dabei wollte ich doch nur, wie andere Mütter (verheiratete Mütter) auch, die ersten Monate mit meinem Kind verbringen und nicht arbeiten müssen.

Die größte Angst aber hatte ich um mein Kind. Ich habe damals im Ernst noch daran geglaubt, dass mich Gott, irgendeine höhere Macht oder das Universum dafür bestrafen könnte, dass ich auch nur daran gedacht habe, dieses Kind nicht zu bekommen. Ich habe wirklich lange gebraucht, mich von diesem Irrglauben, Gott sei ein strafender Gott und richte über die Menschen, zu befreien. Da hatte die Religion in Kindertagen bei mir ganze Arbeit geleistet und ich weiß, dass es nicht nur bei mir so war und noch heute für viele Menschen so ist. Viele Menschen glauben an einen strafenden Gott. Aber so ist es nicht. Das ist wohl eher das Werk der von Menschen gemachten Religionen. Wie kann eine Kirche, ganz gleich welcher Religion, deren Oberhäupter ausschließlich aus Männern bestehen, sich anmaßen, auf diese Art und Weise über Frauen zu richten? Eine Kirche, die behauptet, vor Gott seien alle Menschen gleich. Nur für die Kirche sind Männer offensichtlich gleicher, noch heute.

Ich glaube. Ich glaube an Gott. Und wir alle, egal, aus welcher Religion, beten zu dem Einen, ganz gleich, wie er benannt wird. Mein Glaube gibt mir Kraft, es ist der Glaube an mich, an Gott, an das Universum, an die Menschlichkeit, an das Leben und an die Liebe.

Nachdem mein Sohn geboren war, habe ich jede Nacht an seinem Bettchen gewacht, weil ich so große

Sorge hatte, jemand könnte mich allein für den Gedanken, dass ich abtreiben wollte, bestrafen und mir das Kind nehmen. Dass er sterben könnte oder ihm etwas Schlimmes passieren würde. Hatte ich mich nicht selbst verurteilt? Es ist schon verrückt, wozu der menschliche Verstand imstande ist. Wie sehr wir uns mit gesellschaftlichen Normen identifizieren und uns damit eine Form, eine Identifikation geben, die es zu erfüllen gilt. Ich fühlte mich minderwertig, weil ich keine „vollständige" Familie war. Das sollte sich in meiner späteren Beziehung mit meinem Ehemann noch sehr deutlich zeigen. Dieser Glaubenssatz, oder bleiben wir bei dem Begriff Idee, diese Idee von einer vollständigen Familie hat mich meine Ehe lange aufrecht erhalten lassen.

In diesen Jahren habe ich mich bis zur Perfektion verbogen, selbst verleugnet und verloren. 1989, alleinstehend und schwanger, das war damals noch ein heftiger Spießrutenlauf und es wurde nach der Geburt nicht besser. Was ich vor allem damals nicht verstehen konnte: Wie können Frauen untereinander nur so unfassbar ekelhaft sein? Warum zeigen wir mit dem Finger aufeinander, anstatt uns zu unterstützen und gemeinsam unsere Weiblichkeit zu feiern?

Etwas Wichtiges gelernt

Bevor ich selbst in solch einer Situation war, zu diesem Zeitpunkt und unter diesen Umständen schwanger, habe ich nie verstanden, wie eine Frau auf die Idee kommen kann, eine Abtreibung auch nur in Erwägung zu ziehen. Die waren doch alle selber Schuld, schließlich gibt es doch Verhütungsmittel. Dann müssen sie das eben auch selbst ausbaden. Wie kann man ein Leben töten? Ganz ehrlich, ich habe auch über Frauen geurteilt, die eine solche Entscheidung getroffen haben. Ich habe die allgemeine Meinung nicht hinterfragt, sondern einfach übernommen, bis ich mich selbst damit konfrontiert sah. Das hat mich sehr demütig gemacht und ich möchte dich jetzt darum bitten, dass du dir jedes Mal, wenn du über einen Menschen urteilst, kurz innehältst und dir klar machst, dass du nicht in seinen Schuhen steckst und kein Recht hast, über jemanden zu richten. Denn das machen wir, wenn wir urteilen. Ein Urteil oder eine Bewertung macht etwas mit Menschen. Und zwar mit dem, der dieses Urteil erfährt, und auch mit dem, der dieses Urteil fällt. Es hält beide in Mangelzuständen und Leid fest. Du bist nicht überlegen, wenn du über jemanden urteilst. Du projizierst lediglich deine Ängste, deine Wut, deinen Hass, deinen Mangel und dein Leid auf jemand anderes. Ich bitte dich, hinterfrage allgemeingültige Aussagen. Denke darüber nach, ob sie wirklich richtig sind. Selbst wenn Tausende eine Meinung vertreten, übernimm sie nicht blind. Spüre nach, schau, was dein Herz dir sagt, und dann halte inne, prüfe und vertritt deine Meinung. Auch wenn das bedeutet, dass du am Anfang vielleicht ziemlich alleine damit stehst. Glaube mir, es gibt viele, die sich nicht trauen und nur darauf warten, dass eine den Mund aufmacht und für sich einsteht. Lasst uns damit aufhören, uns einlullen zu lassen und gegenseitig abzustempeln. Lass uns damit aufhören, in ständigen Vergleichen den Kürzeren zu ziehen und uns niederzumachen.

Vertrau mir, wenn ich sage, sei der Mensch, der sich kümmert. Weil die Welt keine Sorglosigkeit mehr braucht. Denn es gibt nichts Stärkeres als jemanden, der in einer Welt, die nicht immer nett zu ihm war, weiterhin weich bleibt.

Lass es mich an dieser Stelle noch einmal verdeutlichen. Vielleicht ist das eine Situation, die du kennst: Der Wecker klingelt. Dein erster Blick geht auf das

Handy und du checkst vielleicht noch vor dem Aufstehen kurz den Instagram-Feed oder schaust mal eben schnell bei Facebook vorbei und du fragst dich, wie zur Hölle es manche Menschen hinkriegen, schon früh morgens fünf Kilometer zu laufen und sich einen frischen Smoothie zu kreieren? Im Frühstücksfernsehen wird über tolle Erfolge bei den neuesten Diäten gesprochen und die Frauenmagazine präsentieren makellose Körper, glückliche und erfolgreiche Frauen, die so ganz nebenbei nicht nur ihren Haushalt schmeißen, sondern auch noch in einer glücklichen Partnerschaft leben. Das Vergleichsprogramm läuft auf vollen Touren. Dein Magen zieht sich zusammen, der Atem wird flach und schneller, dein Herzchen wird eng und Mister Minderwert macht sich breit. Du kannst ihn in jeder Zelle deines Körpers fühlen und er lockt dich. Du urteilst – über dich und über die anderen. Der erste Blick in den Spiegel scheint dir recht zu geben, du bist nicht gut genug und kriegst sowieso nichts richtig auf die Kette. Wie viel besser fühlt es sich da doch an, wenn wir – und wenn auch nicht laut ausgesprochen, sondern nur ganz leise im eigenen Kopf – über andere lästern, um uns aufzuwerten, oder in die Opferrolle eintauchen und uns runterputzen und bemitleiden. Das muss uns erst einmal bewusst werden, damit wir die Mechanismen dahinter erkennen und dann anders handeln können.

Nicht mehr im Vollautomatikmodus unseres Verstandes, sondern aus dem Gewahrsein heraus, dass wir alle miteinander verbunden sind. Lassen wir uns weiter von den ständigen Vergleichen mit anderen in unserem Verhalten bestimmen, bleiben wir selber klein und mickrig.

Dieses Kleinmachen findet sich dann in allen Lebenssituationen wieder: in unserer Beziehung zu uns selbst und in allen anderen Beziehungen. Liebe beginnt in uns selbst. Je mehr Liebe du für dich selbst empfindest, umso mehr Liebe kannst du mit anderen teilen. Du musst dich dann nicht mehr ständig vergleichen und über andere urteilen, weil ein tiefes Gefühl von innerem Frieden in dir ist und sich ausdehnen kann. Ein erster hilfreicher Schritt auf diesem Weg zur Selbstliebe ist es, dich von Bewertungen und Urteilen frei zu machen und anzunehmen, was ist. Du musst nicht wie die anderen sein, du musst nicht wie sie leben, wie sie denken, dich wie sie kleiden und ihre Träume leben. Du musst nicht besonders sein. Erkenne, dass du bist. Mit allem, was du hast, auf deinem Weg. Du bist bereits vollständig und niemand kann dir das wegnehmen. Auch für mich war das ein Weg. Er hat mich durch eine lange Ehe geführt, durch großen beruflichen Erfolg und Niederlagen, in eine Scheidung und das tiefste Tal meines Lebens, in dem ich alles infrage gestellt habe. Superwoman und ich sind heute wieder

Freundinnen. Ich laufe mir selbst nicht mehr hinterher und suche mich nicht mehr in anderen. Heute weiß ich: Ich bin. Und manchmal muss ich mich wieder daran erinnern, um zurück in meine Kraft zu kommen. Mögen diese Zeilen eine Erinnerung für dich sein.

Everybody's Darling und das Helfersyndrom

Ganz weit entfernt davon, ich selbst zu sein, wurde ich dann nur zu gerne "Everybody's Darling". Wir lieben die heile Welt, die Geschichten, die wir uns darüber erzählen, wie es sein könnte, und dafür tun wir verdammt viel. Der Motor, der uns dabei antreibt, ist die wahnwitzige Vorstellung davon, dass uns alle mögen müssen. Dass die Welt sieht – zumindest unsere ganz kleine Welt um uns herum –, dass wir gut sind. Dass wir was draufhaben. Dass wir Jemand sind und kein Niemand, der besser das Weite sucht und in seinem stillen Kämmerlein vor sich hin heult. Dass wir es wert sind, geliebt zu werden, denn da wir uns so schwer damit tun, uns selbst zu lieben, suchen wir diese Liebe außerhalb von uns. Wenn es auch nur einer sagt. Nur einer, der uns in irgendeiner Form mitteilt, dass wir gut sind, liebenswert, dann geht doch schon für einen kleinen Augenblick die Sonne auf.

Unglücklicherweise sind diese kleinen Mitteilungen an Bedingungen geknüpft und wir können sie nicht wirklich fühlen. Sie bleiben an der Oberfläche. Das mag daran liegen, dass wir uns nicht immer glauben, dass wir unserem Herzen nicht glauben. Dass wir meistens im Kopf so zu sind, dass wir uns gar nicht spüren. Uns nicht erlauben, uns zu spüren. So sind es Bedingungen, die wir in diesem Fall, einmal mehr, selbst aufstellen. Mach mal eine Liste und schreib all die Dinge auf, von denen du glaubst, dass du sie brauchst, um dich selbst lieben zu können und glücklich zu sein. Was könnte da draufstehen? Nun, wohl neben allerlei Besitztümern und einem Haufen Kohle, einem Partner, der dich glücklich machen soll, vielleicht auch all die Rollen, mit denen du dich identifizierst, und das dringende Verlangen danach, diese bis zur Perfektion auszufüllen und vor allem zur Zufriedenheit und zum Glück aller zu erfüllen. Du bist nicht dumm oder liegst falsch, wenn du so fühlst und denkst. Es wird dir und uns allen immer wieder so erzählt. Um glücklich zu werden, bräuchten wir den richtigen Partner, die Traumhochzeit, das Haus, das Auto, die eigenen Kinder, den Job, den noch besseren Job, die Beförderung, das beste Büro im Unternehmen, den teuren Urlaub, Designerklamotten (im Zweifel tut es ein Fake auch, sieht ja keiner), die Enkelkinder, die silberne Hochzeit (Gott bewahre, die goldene schaffen wir eh nicht), das wertvolle Geschenk als Dankeschön- oder Abschiedsgeschenk, wenn du in Rente gehst, die Krankheit, den angenehmen Tod, die ehrwürdigen Nachrufe auf unserer Beerdigung.

Uns wurde gesagt, wir müssten Gottes Gesetze befolgen und seinen Zorn fürchten, denn wenn wir irgendwann vor seinem Richterstuhl stehen, müssten wir sonst um Gnade winseln und je nachdem, wie schlimm unsere Vergehen waren, sind wir dazu verdammt, in der Hölle zu schmoren. Eine zweite Chance gäbe es nicht, und Gott sieht alles und richtet über uns. Uns wurde gesagt, dass nur die wirklich Tüchtigen das Gute verdienen, der Sieger alles bekommt und vor der Niederlage sollten wir uns fürchten. Dass die Natur des Lebens die Schwachen aussortiert, unser Mitgefühl hier nicht zwingend nötig sei, denn schließlich seien sie selbst schuld. Wären sie tüchtiger gewesen, hätten sie mehr vom Leben. Uns wurde gesagt, dass Geld und Reichtum alles ist. Dass jeder für sich alleine kämpft und der Zweck die Mittel heiligt. Dass Teilen nur sinnvolles Teilen ist, wenn wir eine Gegenleistung bekommen. Dass wir im Leben hart arbeiten und im Schweiße unseres Angesichts unser Leben verdienen müssten. Uns wurde gesagt, dass wir besser nicht aus der Reihe tanzen, lieber mit dem Strom schwimmen und man so liegt, wie man sich bettet. Vor allem wurde uns erzählt, dass man nicht alles haben kann, Schuster bleib bei deinen Leisten und lobe den Tag nicht vor dem Abend. Unser Geist wurde so vollgestopft mit diesen und noch gaaaaaaanz vielen anderen Botschaften, die allesamt unsere alltägliche Realität schaffen, weil wir es nicht besser wussten. Es grenzt fast an ein Wunder, wenn wir überhaupt noch Freude an dem empfinden, was wir Leben nennen.

Harmonie wird mit Liebe verwechselt, Liebe ist folglich – so glauben wir – im Außen, also außerhalb von uns selbst, zu finden und da außen so viel Chaos herrscht und mit dem, was wir tief in uns verborgen erahnen und eventuell fühlen, nicht im Einklang ist, verlieren wir uns selbst. Mögen wir also dem winzig kleinen Lob, der geringsten Aussage darüber, dass wir liebenswert sind, auch gerne Glauben schenken, uns für einen Moment liebenswert und glückselig fühlen, so ist die Drama-Queen in uns bereits in Alarmbereitschaft. Und auf diesen kurzen Augenblick des Sonnenaufgangs folgt ein rascher Sonnenuntergang, und wenn es dumm läuft, dann ist der sonnige Tag nur von sehr kurzer Dauer. Und die schattigen Zeiten, in welchen wir uns selbst niedermachen, sind hart. Weil wir aber diese Sonnenaufgänge so sehr lieben, machen wir fast alles, damit sie uns immer wieder für einen kurzen Moment das scheinbare Gefühl von Liebe und Glückseligkeit schenken mögen. Die Suche nach Anerkennung wächst, wird zur Sucht und füttert das Helfersyndrom auf geschickte Weise. Wir lassen die Sonne auf- und untergehen, abhängig von der Meinung, Bewertung, dem Urteil anderer über uns, unseren eigenen strengen Bewertungen unserer selbst und dem darauffolgenden Urteil, und vergessen dabei zu leben. Aus uns selbst heraus. Wie eine Ertrinkende, die nach Luft schnappt, um am Leben zu bleiben, wenden wir uns zielsicher dem nächsten Problem zu, und sollte gerade niemand da sein, der eins hat, kreieren wir eins. Die Drama-Queen ist da sehr erfinderisch. Ist es kein Problem, das wir für andere lösen können, so wissen wir sicher, dass sie zumindest unsere Hilfe brauchen.

Ein kleiner Running Gag zwischen meiner Mutter und mir lautet: „Du weißt nur noch nicht, dass du ein Problem hast. Aber keine Sorge, ich helfe dir. Ich bin für dich da." Diese kleinen Sätze beschreiben sehr gut mein harmoniesüchtiges Dasein als Everybody's Darling. Auch damit hatte ich mir eine Rolle, eine Identität, gegeben. Hey, und so ein bisschen wichtig und wertvoll fühlst du dich ja schon, wenn du überall gern gesehen bist, weil du den Laden schmeißt. Wenn es auch nicht der eigene innere Laden ist, sondern die große Sehnsucht danach, geliebt zu werden.

Was wir dabei übersehen, ist, dass alles, was von

außen kommt, vergänglich ist. Alle Form, Rollen, Identitäten, all das bezeichne ich hier mal als Körper und Körper sind vergänglich. Das erfahren wir spätestens mit dem Tod. Der Augenblick, in dem sich der Körper und Geist transformieren. Was bleibt, ist die Seele mit ihrem ewigen Wissen, das immer schon da war und immer ist. Eines darfst du mir an dieser Stelle glauben: Sollten sich dir die Nackenhaare aufstellen, deine kleine innere Rebellin, die Drama-Queen, laut aufschreien, dass das doch wohl so alles nicht stimmt, was ich hier schreibe, dann sei ganz besonders wachsam. Ist der innere Widerstand beim Lesen dieser Zeilen groß, so sei dir sicher, es ist dein Geist, der sich auf Verstandesebene meldet und protestiert. Der Teil in dir, der dein wahres Selbst immer gerne lauthals übertönt. Der Teil in dir, der deinen mentalen Lärm so anschwellen lässt, dass du dich gar nicht mehr traust, in die Stille zu gehen, dein Herz zu besuchen und Kontakt mit deinem wahren Selbst aufzunehmen. Der Teil, der sein Wissen aus all den Erfahrungen und äußeren Wissensquellen bezieht, immer wieder miteinander abgleicht, um daraus neue Geschichten oder neues Wissen zu konstruieren. All die Stimmen in dir, die die meisten Menschen nicht einmal erkennen können, weil sie sich so sehr mit ihnen identifizieren. Weit weg vom leisen Flüstern ihrer Seele. Für jede Rolle, mit der wir uns identifizieren, gibt es eine

Stimme und manches Mal quatschen alle durcheinander. Der Teil in dir, der dich davon abhalten will, für dich selbst einzustehen.

Mit einem kleinen Vergleich möchte ich dir helfen zu verstehen, was ich damit meine.

Wasser verändert nicht nur seine Form, kann sich also transformieren, sondern auch den Ort. Es wechselt seine Aggregatzustände (Wasserdampf, Wolke, Regen, Raureif, Schnee, Eis), also seine Form oder sein Erscheinungsbild, in dem wir es wahrnehmen, und durchläuft verschiedene Orte, sogenannte Sphären der Erde. Aber es ist nie weg. Ohne das Vorhandensein von Wasser gäbe es kein Leben. Wasser gibt es seit dem Anbeginn der Zeit. Die wundersame Kraft der Sonne lässt das Wasser verdunsten. Scheinbar verschwindet das Wasser, doch in Wirklichkeit wechselt es nur in eine andere Form. Es verändert sich. Es transformiert. Mit unserem bloßen Auge können wir diesen Wasserdunst nicht sehen. Erst dann, wenn sich das Wasser wieder ausreichend konzentriert hat, nehmen wir es wieder wahr. Als Wolken. Sind die Wolken schwer geworden, fällt die Feuchtigkeit in Form von Regen, Hagel oder Schnee wieder vom Himmel. Es war und ist die ganze Zeit Wasser. In seinen vielen verschiedenen Formen zeigt es sich in individuellen Gestalten. Es gibt kleine und große Wolken. Wolken von riesiger Gestalt, ganz kleine Wolken, die wie mit einem Pinselstrich in den blauen Himmel gemalt scheinen, weiße Wolken, graue Wolken, und der Mensch hat ihnen Namen gegeben, um sie benennen zu können und ihnen so eine Identität zu geben. Damit jeder weiß, um welche Art Wolke es sich handelt, wenn wir davon hören oder sprechen. Jeder Regentropfen ist individuell. Es gibt auch sie in klein und groß und manchmal tanzen sie als feiner Nieselregen mit dem Wind oder sie werden uns vom Wind um die Ohren gepeitscht, als wollten sie uns schlagen. Mit dem Hagel und dem Schnee verhält es sich ebenso. Keine Schneeflocke gleicht einer anderen, und fallen ganz viele vom Himmel und lassen die äußeren Bedingungen es zu, bleiben sie am Boden liegen und wir nennen es fortan Schnee. In seiner reinen Form ist es Wasser.

Immer da.
Seit Anbeginn der Zeit.
Ist.

Mögest du am Beispiel des Wassers und seines Zyklus, den Zyklus des Lebens und auch deines Seins erkennen.

Nicht-Nein-Sagerin

Ein Teil von mir war eine Nicht-Nein-Sagerin, eine Ich-gebe-gerne-nimm-ruhig-alles-von-mir-Frau. Ein kleines Anpassungsmonster. Immer bereit für andere rangierte ich selbst auf dem letzten Rang meiner Prioritätenliste. Vielleicht bist auch du sehr sensibel, nimmst die Stimmungen um dich herum sofort wahr und ist die Atmosphäre nicht im Einklang, nicht in Harmonie, dann musst du einfach handeln. Das ist wie ein innerer Zwang, weil du sonst das Gefühl hast zu ersticken. Du wirst total unsicher, wenn es sich um dich herum nicht gut anfühlt, und fühlst dich verpflichtet, das auszugleichen. Ich habe mich viele Jahre von solchen Situationen total verunsichern lassen und sofort einen Makel an mir selbst gesucht. Und was denkst du? Ich habe ihn natürlich gefunden. Oder sollte ich sagen, meine Drama-Queen hat ihn für mich gefunden.

Mich um alle und alles zu kümmern, war also eine willkommene Ablenkung von mir selbst. Was nicht bedeutet, dass ich immer "ja" sagte, denn hin und wieder mochte es vorkommen, dass ich einfach gar nichts sagte und stumm ertrug. Oder so etwas wie: „Na ja, eigentlich würde mir das nicht passen, aber, ach, ist schon okay. Ich mach das schon." Mit „eigentlich" und dem darauffolgenden Konjunktiv ist dann der zarte

Versuch, ein sehr bestimmendes „Nein" zu sagen, auch schon wieder gescheitert. Das alles passierte in Millisekunden in meinem Hirn und zwar genau in dem Teil, den ich liebevoll die Drama-Queen, den Feind in meinem Kopf nenne. In den vielen Jahren, in denen ich mich im Tiefschlaf meines Selbstbewusstseins befand und Selbstliebe noch etwas war, über das man nicht gesprochen hat, habe ich die Nicht-Nein-Sagerin in mir nicht erkennen können. Ich war so sehr davon besessen, immer die Beste zu sein, damit ich gesehen werde. Ich habe anderen die Arbeit abgenommen, nicht, weil ich sie besser konnte, sondern damit ich mehr Anerkennung und Liebe bekam. Wenn ich beim Sport war, wollte ich zeigen, was ich drauf habe. Im Job habe ich alles an mich gerissen, damit ich zeigen konnte, dass ich da bin.

Ich habe mir keine Pausen gegönnt, nie Schwäche gezeigt. Ich habe funktioniert, sehr gut funktioniert, und innen war ich leer. Hat mich jemand gefragt, was ich denn möchte, so habe ich mit meiner Antwort immer versucht, den Wunsch des anderen zu erfüllen. Das Anpassungsmonster in mir hat es mir nicht zugestanden, eigene Wünsche wahrhaftig zu formulieren. Denn stell dir mal vor, meine Wünsche hätten sich nicht mit denen der anderen vertragen. Nicht auszudenken, dass sie mich dann eventuell nicht mehr hätten mögen können.

Ich konnte mich selbst nicht sehen. Ich habe ständig

gefragt: „Findest du mich gut?", „Habe ich das gut gemacht?", „Liebst du mich?". Ich war also auch eine Weltmeisterin darin, es allen anderen schön zu machen und dafür zu sorgen, dass es allen gut geht. Nicht um mich selbst zu beschenken, sondern auf der Suche nach Liebe und Anerkennung. Das 49. Paar Schuhe, die 28. Handtasche, Hardcore-Shopping, das war eine Belohnung für mich. Die gesuchte Erlösung im Außen. Ganz ehrlich, die Befriedigung war immer nur kurz. Da das Meiste völlig automatisch ablief, fand ich es automatisch auch normal. Diese lange Tiefschlafphase ließ mich brav meinen antrainierten Gewohnheitsmuskel benutzen.

Wenn du dich kleinmachst, um in das Leben von anderen Menschen zu passen, weil du denkst, dass diese dann glücklich sind, dann verlierst du – dich selbst.

Gewohnheiten sind mächtig und du kannst sie dir tatsächlich wie einen Muskel vorstellen. Je öfter du deine gewohnten Abläufe oder Muster bedienst, umso stärker wird der Vollautomatikmodus und der Gewohnheitsmuskel wächst. Das Dumme ist, für alle anderen Muskeln musst du die Absicht haben, sie zu trainieren. Du gehst zum Sport, formst deinen Körper und stärkst und trainierst deine verschiedenen Muskelgruppen. Der Gewohnheitsmuskel im Denkapparat ist ein fieser Kollege und er liebt deine Faulheit. Du brauchst ihn nicht trainieren. Er bedient sich quasi an deiner Vergangenheit, an all dem Erlebten, deinen Geschichten, die du deinen jeweiligen Rollen zuweist, und spult seine Programme einfach im Hintergrund ab. Er mobilisiert die Drama-Queen und die hat nichts Besseres zu tun, als dich in sorgenvolle Gedanken über das zu verstricken, was passieren könnte. Ein wunderbares, automatisches Trainingsprogramm, bei dem du auf den ersten Blick nicht aus der Puste kommst, dich nicht anstrengen musst, das dir aber den Atem zum Leben nimmt. Das Wissen darum, wer du wirklich bist. Hin und hergerissen reiben wir uns gedanklich auf. Folgen dem mentalen Lärm in uns, und da dieser ein gefräßiges Monster ist, nutzen wir alle Kanäle, mit denen wir uns noch weiter ablenken können. Wir glauben, wir müssten noch irgendetwas tun, um uns zu motivieren.

Ablenken trifft es wohl eher. Wir sind den Lärm in unseren Gedanken so sehr gewohnt, dass wir die Stille nicht ertragen können. Wenigstens die Musik voll aufdrehen, unter die Leute gehen, weil es sich dann lebendiger anfühlt. Nur nicht mit sich selbst alleine sein, nicht zur Ruhe kommen. Keine Pause im Kopf einlegen. Früher haben wir gesagt: Stell dir vor, es ist Krieg und keiner geht hin. Heute haben die meisten Menschen Krieg im Kopf, mit sich selbst. Bereits Kinder leiden unter Stress und Depressionen. Immer auf dem Sprung zum nächsten Moment, zur nächsten Tat, in das nächste Abenteuer. Die To-do-Listen zum Bersten voll, sodass das in einem Leben nie zu schaffen ist. An einem Tag schon gar nicht. Wie gut nur, dass wir die nicht geschafften Punkte auf der To-do-Liste mit in den nächsten Tag, die nächste Woche, das nächste Jahr und vielleicht sogar in das nächste Leben nehmen können. Die Welt im Stress, von gestressten Menschen zum Weiterdrehen verdammt, und das bezeichnen wir heute als normal.

Da Stress so weit verbreitet ist, erkennen wir ihn nicht als kranken Zustand, denn wenn alle damit leben, dann scheint es keine Krankheit zu sein. Stirbt ja keiner dran, oder? Ein erfülltes Leben scheint heute ein Leben zu sein, das vollgestopft mit Terminen, Taten und Erfolgen ist. Was bleibt, ist die Leere im Herzen. Der dringende Wunsch nach Liebe und Anerkennung. Die Sehnsucht nach Sicherheit, Wärme, Geborgenheit, Zärtlichkeit und Miteinander. Wie gut, wenn wir das in der Rolle als Everybody's Darling so wunderbar kompensieren können. Rein äußerlich zwar, aber immerhin, besser als gar nichts fühlen. Zur Not tun es auch kurzfristig ein paar Pillen, der Joint, das bisschen Koks, der Alkohol. Ist ja alles schon heimlich gesellschaftsfähig geworden. Wer denkt da schon an morgen? Es ist schon seltsam, wenn der Mensch, der sich so viele Sorgen um seine Zukunft macht, Drogen nimmt, um aus dem zu flüchten, was er seine Gegenwart – sein Leben – nennt, nur um einen kleinen Moment etwas bunter zu sehen oder zu vergessen. Finde den Fehler. Einer liegt sicher schon in dem Empfinden und dem, was die meisten als Gegenwart bezeichnen und leben. Sind es nicht unsere Gedanken, die uns ständig mit dem beschäftigen, was war, und daraus projizieren, was wird? Ist es nicht das Mittendrin in diesem Gedankendurcheinander, was wir als Gegenwart bezeichnen? Schauen wir genauer hin, erkennen wir, dass es noch immer die Vergangenheit ist, die wir Kraft unserer Gedanken in das holen, was wir Gegenwart nennen und so die Vergangenheit zur Gegenwart machen. Mit kleinen Ausblicken in eine sorgenvolle Zukunft, versteht sich. Ab und zu konsumieren wir ein paar nette Sprüche auf Pinterest, bedauern uns noch ein bisschen selbst und weiter geht's. Was kümmert es uns also in Zeiten von Instagram und Facebook, wenn wir zwar innerlich kaputt sind, aber unsere Profile aufhübschen können, ganz, wie es uns beliebt. Es lebe der Fake, und wenn alle faken, dann ist es doch irgendwie wahr, oder? Zumindest normal. Schließlich ist es so normal, dass wir uns mit einem Fake vergleichen. Wie ich bereits sagte: wahnsinnig. Denn nur die Wahnsinnigen zerstören sich selbst und ihren Lebensraum.

So bleibt der Mensch weiterhin auf der Suche nach der Liebe und sich selbst. Man findet zum Thema Selbstliebe aktuell über 2,7 Millionen Einträge bei Google. Man redet heute offen und viel darüber, es gibt viele Magazine, die sich diesem Thema verschrieben haben, und der Mensch sucht. Mit seinem Kopf, der Kraft seiner Gedanken, mit dem logischen Verstand im Außen. Wie aber willst du etwas finden, wie soll sich dir etwas erschließen, was außerhalb der Logik liegt? Die Logik kommt aus dem Verstand. Die Seele, das Herz sind nicht logisch zu begreifen. Und so scheint die Liebe zu uns selbst die komplizierteste Beziehung der Welt zu sein. Und weil alles, was kompliziert zu sein scheint, nach einer Anleitung schreit, werden uns viele verschiedene Techniken angeboten, mithilfe derer wir uns endlich selbst lieben lernen können. Der Verstand liebt Technik zum einen, weil er sich logisch damit auseinandersetzen kann, zum anderen, weil er dir einmal mehr neue Möglichkeiten anbietet, wie du dich selbst optimieren kannst und an der Ausübung der Technik feilen solltest. Denn glauben wir unserem Verstand, dann sind wir nie genug. Kanonenfutter für die Ich-bin-nicht-gut-genug-Frau.

Ich funktioniere doch, ich muss nicht fühlen

Es gibt verschiedene wichtige Phasen in deinem Leben. Ich verallgemeinere diese Phasen hier ein wenig.
Es kann durchaus sein, dass du sie in anderen Lebensabschnitten durchläufst. Erfahren tun wir sie irgendwann, irgendwie, alle. Bewusst oder unbewusst. Wenn
du in deine Zwanzigerjahre eintrittst, jagst du deiner
Karriere nach und dem, von dem du glaubst, es sei
Erfolg versprechend. Eine Karriere, die dir nicht selten
von anderen Menschen vorgeschlagen, empfohlen,
erwartet oder sogar auferlegt wurde. Dabei treffen einige von uns auf sogenannte Familientraditionen. Das
Familienunternehmen muss weitergeführt werden, frei
nach dem Motto: "Du sollst in meine Fußstapfen treten" – oder es soll dir einmal besser gehen als deinen
Eltern. Du beginnst fleißig, die Vorstellung vom Leben
und den Willen anderer Menschen und Institutionen zu
erfüllen. Darauf haben diese anderen Menschen und
Institutionen schließlich hingearbeitet. Das geschieht

nicht aus Boshaftigkeit, sie wissen es nicht besser. Diese Entfernung von uns selbst wird heute sogar eher noch unterstützt. Denn die musischen und künstlerischen Fächer – Musik, bildende Kunst, Schauspiel und andere kreative Ausdrucksformen – findet man kaum noch auf den Lehrplänen in den Schulen. Das halte ich für überaus schädlich für die Fähigkeit, unsere Gefühle auszudrücken oder sie gar zu erkennen. Vielleicht sogar zu erkennen, wer wir sind. Raum für die eigene Kreativität ist in Schulen grundsätzlich weniger gefragt. Es herrschen Notendruck und Bewertungen und der Fokus liegt auf dem logischem Verständnis. Gefördert wird der logische Verstand und nicht das Herz oder das alte Seelenwissen. Was nicht bedeutet, dass der logische Verstand nicht wichtig ist. Ihn richtig zu benutzen ist durchaus wichtig, ebenso ihn zu schulen. Die Förderung zwischen Kopf und Herz ist so, wie sie stattfindet, nicht sinnvoll. Sind es nicht vor allem Kunst und Kultur der Menschheit und die alten großen Meister der Philosophie, die uns von der Erfahrung des Menschseins erzählen? Die geheimnisvollen Geschichten, wundervollen Lieder, Filme und Theaterstücke, Romane und Gedichte, die unsere Sehnsucht wecken, mehr über uns zu zeigen vermögen und in deren Geschichten wir uns wiederfinden? Das scheint in den meisten Systemen dieser Welt nicht vorgesehen. Er funktioniere, der Mensch. Raum für eine Auseinandersetzung mit Trauer, Verlust, Liebe und der Person, die wir wirklich sind, gibt es kaum. So schlucken wir brav runter. Kein Platz für Gefühle.

Wovon träumst du? Für die meisten von uns ist die Antwort auf diese Frage gar nicht so leicht auszusprechen. Wir erlauben uns selten, groß zu träumen und unseren Herzenswünschen zu folgen. Zu sehr bestimmen "funktionieren" und "perfekt sein" unseren Alltag. Der Tag hat zu wenig Stunden, der Monat geht zu schnell rum, die Jahre fliegen an uns vorbei. Und dann ist da noch das liebe Geld, dem wir hinterher laufen, als ginge es um unser Leben.

> Mit einem tauben Herzen können wir einander nicht sehen, nicht fühlen, nicht helfen und nicht für uns selbst einstehen.

Das Leben rast, und wenn wir nicht aufpassen, dann frisst es uns auf. Willst du weiterhin eine feine Mahlzeit für das sein, was du dein Leben nennst? Eine gute Vorbereitung auf das Leben sollte das Herz nicht ausschließen. Der Kampf ist in unseren Köpfen. Unser

Kampf ist eine Desensibilisierung und Trennung von der Frau, die wir wirklich sind. Das mag auf den ersten Blick leichter sein, als alles tief zu fühlen, aber es ist nicht so. Denn mit einem tauben Herzen können wir einander nicht sehen, nicht fühlen, nicht helfen und nicht für uns selbst einstehen.

Bevor du in deine Dreißiger kommst, beginnen nicht selten Frustration, Angst und Depression – manchmal Krankheiten –, weil du das Gefühl hast, dir fehlt der Sinn im Leben. Oder weil du dir nur dann erlaubst, nicht zu funktionieren, wenn du richtig krank bist. Wenn du den Mut findest, diese Knechtschaft zu beenden und zu gehen, machst du dich auf die Suche, um deinen eigenen Weg im Leben zu finden. Du entdeckst im günstigsten Fall deine Leidenschaft und folgst deinen Träumen für eine Weile. Du fühlst dich beflügelt, weil es scheint, als ob du die Freiheit gefunden hast. Du lebst das, wovon du glaubst, das es wirklich wichtig ist. Du glaubst, du lebst deinen Willen. Das meine ich keinesfalls herabschauend oder gar verächtlich. Es ist nur lediglich so, dass die meisten Menschen keine Vorstellung davon haben, auf welcher Reise sie sich befinden, geschweige denn, wie sie ihre Ziele erreichen können oder was genau diese Ziele und Träume sind. Die Verbindung zwischen Kopf und Herz ist abgeschnitten und innen bleibt es leer.

Warst du schon einmal auf dem Friedhof der begrabenen Träume und nicht gelebten Leben? Da sind täglich all die Menschen, die irgendwann in ihrem Leben an den Punkt kommen, an dem sie sagen: „Hätte ich doch nur den Mut gehabt …". Damit sie sich nicht ganz so mies fühlen, wenn sie dort wieder einmal vorbeischauen, beginnt der Lieblingssatz dieser Menschen mit „Aber" … Sie sind Meister des Funktionierens, der Rechtfertigung und der Schuldzuweisungen. Rechtfertigung vor anderen und vor allem sich selbst gegenüber. Schuld sind gerne die anderen oder die äußeren Umstände, das negative Umfeld. Wenn das nicht mehr ausreicht, dann hilft im Notfall immer auch die Ich-bin-nicht-gut-genug-Frau in uns. Sie hilft gerne aus und schenkt uns schlechte Gedanken über uns selbst. Ich kenne diesen Friedhof auch. Ich war früher oft dort. Habe ein paar meiner Träume gesehen, mit ihnen getrauert, eine anständige Runde Selbstmitleid eingelegt und weiter funktioniert. Später ist ja auch noch Zeit. Vor einigen Jahren habe ich damit begonnen, sie mir wiederzuholen, und ich lebe sie jetzt. Du kannst das auch!

Heute gibt es auf dieser wundervollen Mutter Erde Milliarden Menschen, die verzweifelt darauf hoffen, irgendwo anzukommen. Doch die meisten haben keine Ahnung, wohin sie eigentlich unterwegs sind. Die meisten sind in dieser Zeit von dem Gedanken getrieben, dass sie in der Zukunft dieses oder jenes erreichen werden, besser gesagt, etwas sein werden. Das Leben selbst bleibt dabei auf der Strecke. Das bist du, die wundervolle Frau, die hier ist, um ihr helles Licht leuchten zu lassen. Um Liebe und Frieden zu erfahren und zu teilen. Um groß zu träumen, außergewöhnlich zu sein und sich daran zu erinnern, wie viele Wunder uns täglich begegnen.

Dennoch ist diese Zeit des Unterwegsseins angenehm, erfüllt dich teilweise mit Freude, Lebenslust und einem Gefühl von Glück, aber auch das dauert nicht lange. Denn während es wie ein großes Abenteuer scheint, ist es dennoch nicht das, was dich die wahre Erfüllung erfahren lässt. Wir befinden uns noch im Land der Selbstoptimierung, weil wir immer noch daran glauben, dass wir irgendwann in unserem Leben erreichen oder sein werden, was wir jetzt nicht wirklich formulieren können. Irgendwann werde ich glücklich sein, Erfüllung finden, reich sein, mich lieben können, und irgendwann werde ich gut genug sein. Es ist die Vorstellung davon, nicht gut genug zu sein, die uns eine Vorstellung davon präsentiert, was wir alles benötigen, um es in der Zukunft möglicherweise sein zu können. Bis dahin funktionieren wir weiter und währenddessen leben wir viel zu schnell. Lassen uns mitreißen von dem ganzen Hokuspokus und glauben dann auch noch, dass das so sein muss. Oder dass es eben so ist und wir daran nichts ändern können. „Ich muss jetzt schnell aufstehen, dann muss ich schnell frühstücken, schnell zur Arbeit, schnell arbeiten, schnell nach Hause, schnell die Kinder holen oder fahren, schnell kochen, schnell essen, schnell mit Freunden treffen, schnell ins Bett, schnell schlafen und dann schnell alles wieder von vorne." Merkst du was?

Ein Leben auf der Überholspur, dafür muss ich nicht erst eine Super-Karrierefrau sein, das gelingt uns allen mit Leichtigkeit und in allen Lebenslagen. Manchmal habe ich das Gefühl, dass es nur noch Menschen mit eingebautem Navigationsgerät und einer Stoppuhr gibt. Bloß schnell ans Ziel kommen, heißt die Devise. Dabei bleiben die Individualität und die Muße auf der Strecke, denn in der Auswahl der Routenoptionen finden wir: dynamisch, kurz, schnell … ökonomisch. Wobei die Option ökonomisch eher selten von uns gewählt wird, denn dafür haben wir ja keine Zeit. Ich glaube tatsächlich, dass diese Option nur für das gute Gewissen eingestellt ist. Ich könnte sie wählen, wenn ich die Zeit dafür hätte. Ich weiß also, dass es sie gibt, und es liest sich gut. Ein Leben mit eingebautem Navigationsgerät lässt uns nicht im Stich, glauben wir. Die Routen scheinen vorgegeben und variieren nur leicht. Super-Frau, Super-Mutter, Super-Ehefrau, Super-Karrierefrau, Super-Hausfrau, Super-Freundin, Super-Alles. Klingt nicht gut, ist es auch nicht. Dieser Begriff der Work-Life-Balance prägt unser Dasein und wir haben leider viel zu oft in beiden Bereichen, Arbeit und Leben, das Gefühl, ständig Höchstleistungen bringen zu müssen. Und wenn wir auch glauben, dort angekommen zu sein, wo wir hin wollten, haben wir den Weg dorthin nicht mitgekriegt. Vom Fühlen wollen wir gar nicht erst reden. Eine exzellente Beifahrerin im eigenen Leben, wow! Zum Konsum erzogen wollen wir immer höher, weiter, schneller und lassen uns leben, ganz so, wie wir als Beifahrerin gefahren werden. Das Meiste wird gar nicht mehr wirklich wahrgenommen, weil wir durch den Schleier der Geschwindigkeit blicken. Als würden wir entgegen der Fahrtrichtung im ICE sitzen, auf der Hochgeschwindigkeitstrasse, den Blick aus dem Fenster werfend. An den ganz großen Brocken bleibt unser Blick hängen, der Rest fliegt vorbei. Ja, und dann ist er weg, der Rest. Es bleiben die Brocken und daran verschlucken wir uns hin und wieder. Das Leben ist gnadenlos. Es bringt dir das, was du darin siehst.

Mach dich offen für das, was ist. Streiche die Wenns und Abers aus deinem Kopf. Ich weiß, dass sie kommen und gehen, wann sie Lust haben. Du hast es jedoch selbst in der Hand. Du kannst entscheiden, wie viel davon du zulassen willst. Runter vom Beifahrersitz und ran ans Steuer. Denn in deinem Leben bist du deine eigene Regisseurin, gleichzeitig auch die Regieassistentin, die Drehbuchautorin und die Darstellerin. Alle Nebenrollen besetzt du ebenfalls, indem du es zulässt, wer oder was in deinem Leben eine Rolle spielt und wer oder was nicht. Das mag sich im ersten Moment nach ein bisschen zu viel Verantwortung anhören. Glaub mir, ich will auch hin und wieder auf den Arm. Keine Entscheidungen treffen müssen, mich treiben lassen, und es spricht auch überhaupt nichts dagegen. Ganz im Gegenteil. Lass dich treiben, versinke in Selbstmitleid, sei traurig, wenn dir danach ist, stampfe mit den Füßen, wenn du wütend bist. Lebe das, bring es zum Ausdruck, lass es raus. Verbiete dir deine Gefühle nicht, gehe nicht in den Widerstand, denn durch den inneren Widerstand machst du es nur schlimmer. Widerstand hält fest und dich davon ab, zu erkennen, anzunehmen und loszulassen. Vor allem aber erkenne diese Momente als das, was sie sind: Ein Zustand und nicht du. Erkenne, dass es deine Gedanken sind, die dir einmal mehr einen üblen Streich spielen. Ich bin nicht alleine mit meiner Überzeugung, dass die Gedanken, die wir denken, die Worte, die wir aussprechen, und unsere strengen Glaubenssätze, mit welchen wir uns limitieren, sehr mächtig sind. Und es macht mir Mut, weil es bedeutet, dass ich es ändern kann. Dass wir alle es ändern können. Jede für sich und wir alle im Ganzen.

Die meisten Menschen jedoch drehen, ohne es zu wissen, permanent ihren eigenen Horrorfilm und wundern sich, dass sie diesen dann leben. Sie verlaufen sich im Wald des Lebens. Denn obwohl sie glauben, dass sie dieses Mal gelernt haben, erwischt es sie wieder. Das Leben besteht aus ständigen Wiederholungen. Nichts scheint wirklich neu zu sein. Das Meiste haben wir schon einmal in irgendeiner Form erfahren. Wir leben entsprechend unserer Vergangenheit. Und unsere Gedanken darüber bestimmen unsere aktuelle Lebenssituation. Nur sehr wenige Ereignisse und Situationen kommen absolut überraschend daher.

An dieser Stelle will ich mit dir über den Unterschied zwischen Ereignis und Erfahrung sprechen. Ein Ereignis ist, ganz sachlich betrachtet, zunächst einmal neutral. Es ist einfach. Durch die Art und Weise, wie wir damit umgehen, wie wir es bewerten, darüber urteilen, machen wir es zu einer für uns individuellen Erfahrung. In unsere eigenen Bewertungen und Urteile fließen die allgemeingültigen gesellschaftlichen Bewertungen, Urteile, Dogmen und Konditionierungen mit ein. Die wiederum sind ebenfalls kulturell unterschiedlich geprägt. So geschieht es auch, dass Menschen, die dieselben Ereignisse und Situationen in ihrem Leben präsentiert bekommen, diese völlig unterschiedlich erfahren. Abgesehen von unserer Herkunft, Prägung und unseren Glaubenssätzen ist es entscheidend, auf welcher Bewusstseinsebene wir uns befinden. Tatsache ist, dass der Mensch jeweils anders bewertet und eine andere Perspektive einnimmt. Dabei wertet unser Verstand die ihm angebotenen Daten eines Ereignisses in Millisekunden aus und gleicht mit dem ab, was er bereits in seiner großen Datenbank gespeichert hat. Je unbewusster wir sind, je mehr wir uns unseren Gedanken überlassen, je größer die Trennung zwischen Kopf und Herz, umso mehr denken wir auf die gleiche Art und Weise und schaffen immer wieder gleiche oder ähnliche Erfahrungen. In diesem Dilemma taucht dann natürlich die Frage nach dem Warum auf. Warum immer ich?

Es gibt bis hierhin also zwei Fragen, die unser Leben bestimmen, und die Antwort auf diese Fragen ist die Grundlage für alles, was wir sind, und für alles, was wir im Leben tun. Früh in unserer Erforschung des Lebens orientieren wir uns am Was: „Was kann ich tun, was kann ich bekommen, was kann ich erreichen?" Das haben wir bereits besprochen. Sehr bald erfahren wir, dass das „Was" leer von Leben, tot von Zweck und leer von jeglicher Freude ist. Im Funktionsmodus ist noch selten jemand wahrhaftig glücklich geworden. Bleiben wir nur bei der Vorstellung von der Fahrt im ICE. Die nächsten Bahnhöfe sind weit voneinander entfernt. Lange kein nächster Halt in Sicht. Aussteigen unterwegs nicht möglich. Sind wir zu beschäftigt mit der Erfüllung aller Erwartungen, die wir glauben, dass andere Menschen, das Leben und letztendlich auch wir selbst an uns stellen, dann verpassen wir im Zweifelsfall sogar die nächste Ausstiegsmöglichkeit und drehen die nächste Runde. Im ICE. Im Funktionsmodus.

Später, wenn wir das Was loslassen, beginnen wir, uns vom Warum leiten zu lassen. Wir stellen uns Fragen wie „Warum bin ich hier?" oder „Warum mache ich, was ich tue?" oder „Warum geschehen die Dinge, wie sie geschehen?" Beharren wir lange genug in dem Warum, erkennen wir, dass auch das „Warum" uns nicht weit bringen wird. Auf die Frage nach dem Warum entsteht nicht selten eine große Leere. Diese innere Leere ist es, die dich auffrisst. Bleibst du unbewusst, versuchst du nun zu stopfen, was nicht zu stopfen ist. Mit Dingen, die nicht geben können, was du wirklich suchst: Liebe und Erfüllung. Alles, was du in dich rein schmeißt – und das kannst du an dieser Stelle sehr wörtlich nehmen –, hilft dir nicht. Bist du eine Kummer-Esserin, eine Stress-Esserin, eine Ich-bin-gerade-total-unglücklich-Esserin,

eine Da-muss-es-doch-mehr-für-mich-geben-Esserin?
Ganz gleich, was auch immer du in dich reinstopfst,
es wird dich füllen, das hat aber mit Erfüllung nichts
zu tun. Vielleicht bist du aber auch eine Ich-shoppe-
mich-happy-Frau oder Ich-mach-alle-anderen-so-glück-
lich-Frau. Diese Strategie, etwas von außen zu füllen,
was nicht bewusst gefühlt und erkannt werden will,
funktioniert nicht. Du musst dich trauen, in dein Inneres
zu gehen. An die Quelle. Sonst schmeißt du weiterhin
eine Handvoll Samen auf die Oberfläche und wunderst
dich, dass sie nicht aufgehen. Keine Wurzeln bilden,
nicht erblühen, dich nicht erfreuen, dir keine Liebe
schenken. So kann es sein, dass du bloß einer Idee von
Liebe und Erfüllung folgst, dieser glaubst, und dieser
Idee schenkst du deine Idee von Liebe und Aufmerksamkeit. Beides bleibt dabei so sehr oberflächlich,
weil diese Liebe und Aufmerksamkeit in Sorgen, Zweifel und Ängste gekleidet ist. Was, wenn ich es nicht
verdient habe? Was, wenn es auch dieses Mal wieder
schief geht? Und egal, was du tust, es erfüllt dich nicht.
Du glaubst, es ist ein schlechter Tag, ein schlechtes
Leben. Doch so ist es nicht. Es ist nur ein Gedanke,
niemals ein schlechter Tag und erst recht nicht ein
schlechtes Leben! Wollen wir das also im Ernst weiterhin glauben? All das, was man uns gerne vor die
Nase hält? Abgerichtet im Funktionsmodus, nach Per-

fektion strebend? An all diese wunderbaren Verspre-
chen glauben, die wir uns gerne auch selbst geben. An
Bedingungen geknüpft: Wenn ich das mache, dann bin
ich gut. Diese Gedanken immer wieder auf fruchtbaren
Boden fallen lassen? Denn das alles passiert in deinem
Kopf, während einer dieser unendlichen Fahrten in deinem Gedankenkarussell. Hey, du darfst da aussteigen.
Du musst nicht weiterfahren. Der größte Lernprozess
findet in uns selbst statt. In unserem Bewusstsein über
unsere Gedanken und Gefühle. Werde wach und be-
sinne dich auf dein Selbst. Auf die Essenz dessen, was
du bist. Erinnere dich! Denn du wirst nur dann deinen
Traum leben, wenn du bereit bist, kompromisslos für
das einzustehen, was du bist.

Wenn du jedoch der Meinung bist, dass die neuesten
Modetrends, die It-Girls, der aktuelle Tratsch der Cele-
brities, die Oskar-Gewinner, die Strategien für den Sieg
im angesagten Videospiel, deine Liste bei Netflix, die
Anzahl der Likes auf deinen Social-Media-Plattformen,
die Position im Job, dein Kontostand wichtiger seien
als das sanfte Flüstern deiner Seele, dann wirst du dich
auch weiterhin schwer damit tun, deine Verbindung
zwischen Herz und Kopf in Balance zu bringen. Glaube
mir, du bekommst, was du siehst. Du siehst dich klein
und hilflos. So wirst du sein.

Du glaubst, du brauchst andere oder Status und

Besitz, um glücklich zu sein. Tiefes, echtes Glücksgefühl wirst du nicht empfinden können, weil es nie genug sein wird. Du selbst schon gar nicht. Der einzige Mensch, der dich für immer aufhalten kann, bist du selbst. Ich weiß, dass es hart klingt. Es ist einfach ehrlich. Lass uns die gute Nachricht darin entdecken. Du kannst es rocken! Lass dich nicht vom Leben auffressen. Hol dir, was du willst. Hol dir den Moment zurück. Ein Leben im Jetzt!

Denn eines Tages, wenn etwas wahrhaftig dein Herz berührt und du alle deine Träume offenbarst, vor dir eingestehst und sie zu deinen Füßen legst, wenn du deine Hände erhebst und sagst: „Leben, hier bin ich. Ich bin.", wenn sich deine Verzweiflung in Hoffnung und Glauben verwandelt, erkennst du deinen Weg.

Ich möchte ein kleines Experiment mit dir ausprobieren. Ruf dir deine Lieblingserinnerung aus diesem Jahr in deine Gedanken. Jetzt. Einen Moment, in dem du vor Freude übergelaufen bist und dich von Liebe umgeben, ja, ausgefüllt fühltest. Stelle dir diesen Moment so intensiv vor, dass du jetzt fühlen kannst, wie sich

dieses wundervolle Gefühl in deinem ganzen Körper
ausbreitet. Sei bereit, dieses Gefühl voll und ganz in
dir aufzunehmen. Jede Zelle deines Körpers ist erfüllt
davon. Fühlst du es?
Faszinierend, nicht wahr?

Der Verstand ist eine mächtige Sache. Unglücklicherweise lassen wir uns die meiste Zeit des Lebens von
unserem Verstand benutzen, anstatt ihn in Kontakt mit
unserer Seele oder unserem höheren Selbst treten zu
lassen (wähle als Wort für die Seele oder das höhere
Selbst gerne dein Herz, für den Fall, dass du mit beiden Begriffen nicht viel verbinden kannst). Denn in diesem Zustand der Verbundenheit von Geist und Seele
würde sich uns zu jeder Zeit das tief in uns verwurzelte
„alte" Wissen darbieten. Wir würden wissen, dass wir
immer in Sicherheit sind. Hier auf dieser wundervollen
Mutter Erde sind, um uns weiterzuentwickeln, neue
Ereignisse in unser Leben zu ziehen, neue Erfahrungen
zu machen und zu wachsen.

Kommen wir noch einmal zurück zu dem, was mir Mut
macht und Kraft gibt. Geschehen in unserem Leben
Dinge, die uns nicht gefallen, steht es uns frei, unsere
Gedanken darüber zu verändern. Anstatt uns zu verkrü-

meln, in dem Leid zu verweilen, haben wir die Möglichkeit, uns an diese wundervolle, kraftvolle Macht in uns
zu erinnern. Wir können damit beginnen, unser Denken
zu ändern. Damit meine ich nicht, die Dinge schön zu
reden. Dabei kämen wir allzu schnell in den Modus der
Rechtfertigung zurück, der, wie du ganz sicher bereits
am eigenen Leib erfahren hast, nicht hilfreich ist. Erkennen wir aber, dass wir nicht Opfer von Ereignissen
oder dem, was wir Leben nennen, sind, dann sind wir
in der Lage, den inneren Widerstand aufzugeben. Uns
von den Bewertungen und Urteilen über das Ereignis
zu lösen und frei neue, positive, lebensbejahende Gedanken zu wählen. Beginnen wir damit, auf dieser Basis
unser Denken zu verändern, mag es sein, dass sich
nicht auf Anhieb ein großes Tor auftut und wir fortan in
Liebe und Glückseligkeit verweilen. Es mag sein, dass
es sich in ganz kleinen und wenigen positiven Ergeb-
nissen präsentiert. Bleiben wir stetig in diesem „wachen" Zustand und sind uns der freien Wahl unserer
Gedanken bewusst, dann kann es nicht anders sein, als
dass sich unsere Zukunft verändert. Positiv verändert.
In die Richtung, in die wir gehen wollen.
  Wohin wir unsere Aufmerksamkeit lenken, das ziehen wir als Ereignis, und in der Folge als Erfahrung, in
unser Leben. Schauen wir uns zwei kleine Beispiele an:
Du hast dir ein neues Auto ausgesucht. Ein rotes. Fort-

an siehst du auf den Straßen nur noch rote Autos. Oder das Modell, welches du dir ausgesucht hast, und sei es noch so exotisch, wird dir fortan häufiger begegnen. Es fällt dir auf. Du nimmst es wahr. Vielleicht spielst du aber auch mit dem Gedanken, schwanger zu werden, und siehst fortan nur noch Schwangere mit dicken Bäuchen durch die Straßen laufen. In diesem zweiten Beispiel findet sich oft eine weitere Form von Leiden wieder: Eventuell möchtest du unbedingt ein Baby. Du versuchst verzweifelt, schwanger zu werden, und es klappt nicht. Je mehr schwangere Frauen du siehst, umso frustrierter wirst du. Du gehst immer härter mit dir ins Gericht und lässt dich von deinen Gedanken fertig machen. Neben dem Denken, dass du nicht mal das auf die Kette kriegst ("ich kann nicht mal das"), nährt sich dein Denken selbst mit weiteren Szenarien. Die biologische Uhr tickt plötzlich. Bei mir war es, wie im zweiten Kapitel erzählt, das schlechte Gewissen darüber, dass ich mit dem Gedanken einer Abtreibung gespielt hatte, was mir Sorgen vor der Erfüllung einer zweiten Schwangerschaft gemacht hat. Ganz gleich, was es auch ist, es blockiert. Der Leidensdruck wächst bis hin zu Schuldzuweisungen des Partners oder an den Partner und elendigen Versuchen einer künstli-chen Befruchtung. Und schon ist es keine freie Wahl des Gedankens mehr, sondern eine Umkehrung dessen. Du hast deine Macht wieder an den Gedanken abgegeben und der verselbstständigt sich. Das kann er gut, der Verstand. Er bedient sich an den Ängsten, Zweifeln und Sorgen und beginnt, dich damit zu quälen. Wahrscheinlich hast auch du schon von Paaren gehört, deren Babywunsch sich erst dann erfüllt hat, als sie aufgehört haben, ihre Gedanken nur noch um dieses Thema kreisen zu lassen, oder ein Baby adoptiert haben und so den Kinderwunsch erfüllt haben. Sie haben den inneren Widerstand aufgegeben. Sie haben sich der Situation hingegeben und konnten sich so von dem zwanghaften Gedanken um Familiennachwuchs befreien. Die Basis dafür, in unsere Kraft zu kommen, unsere Macht zu erkennen, ist es, sich vom inneren Widerstand zu befreien. Sich aus der Opferrolle des eigenen Denkens zu befreien und völlig hinzugeben. Den Gedanken aufzugeben. Das ermöglicht die absolute Annahme dessen, was ist, und in der Folge ermöglicht es das Loslassen und somit das Ende des Leidens. Das werden wir in späteren Kapiteln in diesem Buch noch vertiefen.

Bleiben wir bei der freien Wahl unserer Gedanken, erkennen wir, dass wir von Moment zu Moment, bewusst oder unbewusst, Gedanken wählen, die uns in unsere Kraft führen oder uns weiter in unserem Leid feststecken lassen. Dabei macht ein einzelner Gedanke vielleicht noch nicht den Unterschied, aber einen Anfang. Glauben wir den Hirnforschern, denken wir täglich über 60.000 Gedanken. Die meisten davon sind Wiederholungstäter, ähneln sich also. Und Gedanken kumulieren sich, sammeln sich an und verstärken sich gegenseitig. Wenn sich also negative Gedanken gegenseitig verstärken und dich immer wieder in deine alten Muster von Reaktion statt Handeln schmeißen, bedeutet das somit, dass dich positive Gedanken in das Handeln bringen können und du, scheinbar wie durch Zauberhand, plötzlich Ereignisse in dein Leben ziehst, von denen du nicht gedacht hättest, dass das für dich möglich sei.

Alles beginnt mit einem Gedanken. Glaube daran, dass alles möglich ist. Im Guten wie im Schlechten. Und du hast die Wahl. **Du bist die Superheldin deines Verstandes. Nutze ihn weise und lass dich nicht von ihm benutzen!** Dein Verstand wird immer alles glauben, was du ihm erzählst. Denn dein Gehirn kann nicht unterscheiden, ob etwas tatsächlich passiert oder ob du es dir nur vorstellst. Fütter den Verstand mit gutem Glauben. Fütter ihn mit der Wahrheit. Fütter ihn mit Liebe!

Das Lied von der Angst ist wie ein Tropfen Gift

Wir können jetzt wahrscheinlich alle in dieses Lied mit einstimmen, denn ich glaube, dieses Lied von der Angst, nicht gut genug zu sein, es nicht wert zu sein, es nicht zu schaffen, kennt fast jede. Wenn wir uns schon in diesem Gesang verbunden fühlen, dann lasst uns doch auch nach einem gemeinsamen Weg suchen, dieses Lied in ein Lied der Freude und der Liebe zu verwandeln.

Wenn jemand einen Tropfen Gift in ein Glas frisches, klares Wasser kippt, ist das ganze Wasser vergiftet. Genauso ist es mit unseren Gedanken. Wir vergiften unseren eigenen Geist mit Gedanken, die Gift für unser Selbstbild sind. Unser selbst kreiertes geistiges Bild, welches uns vorgibt, wer oder wie wir zu sein haben, sagt uns, dass wir nicht gut genug oder es nicht wert sind. „Schau mich an, seit fünf Jahren bin ich nicht in der Lage, das zu schaffen. Ich kann es nicht. Ich bin nicht gut genug." Auch gern genommen ist das Reduzieren auf unser äußeres Erscheinungsbild. Wir vergleichen wir uns bei jeder Gelegenheit mit anderen und wir werden auch immer fündig und holen dann die Peitsche raus. „Ich bin fett und hässlich und schaffe es nicht einmal mit der neuen Superdiät (mit der alle anderen Erfolg haben), endlich toll auszusehen. Ich bin nicht gut genug." So oder so ähnlich kann das klingen und eventuell findest du dich darin wieder. Es gibt ein festes Bild von dir selbst in deinem Kopf und das ist immer mindestens einen Schritt davon entfernt, gut genug zu sein. Das ist ausreichend, damit du ständig im Vergleich mit anderen und im Selbstoptimierungs-wahn steckst.

Der Unterschied zwischen dem Besten und dem Schlimmsten, was passieren kann, liegt in unserem Kopf.

Jedoch liegt der Unterschied zwischen dem Besten und dem Schlimmsten, was passieren kann, tatsächlich in unserem Kopf. Das können wir nur nicht sehen, wenn wir glauben, wir seien es nicht wert, dass es uns gut geht, wir hätten es nicht verdient und obendrein seien wir ohnehin nicht gut genug. Dieser Zustand macht es fast unmöglich, für sich selbst einzustehen, weil wir es uns nicht glauben. Wir sind so gut konditioniert, ja, ich würde sogar sagen, dressiert, dass es uns in vielen Momenten gar nicht auffällt. Denn bleiben wir unbewusst in unserem Verstand und stellen unsere Gedanken nicht infrage, funktionieren wir weiter und suchen nach Anerkennung im Außen. Innen haben wir erfolgreich zugemauert, damit es nicht so weh tut. Dennoch fühlen wir, dass wir gegen unsere Wahrheit leben.

Lass uns gemeinsam in eine weitere Phase meines Lebens schauen. Sie wird dir helfen zu erkennen, was ich damit meine, wenn ich sage: Wir leben gegen unsere eigene Wahrheit. Dafür werde ich ein wenig ausholen, um dir zu zeigen, wie mächtig Glaubenssätze sind. Heute wie gestern und morgen. Es mag dir auch helfen, die Beziehung zu deiner Mutter in einem anderen Licht zu sehen.

In einem Ratgeber für Frauen aus den 50er-Jahren finden wir unter anderem die folgenden Verhaltensregeln beschrieben:

„Halten Sie das Abendessen bereit. Planen Sie vorausschauend, eventuell schon am Vorabend, damit die köstliche Mahlzeit rechtzeitig fertig ist, wenn er nach Hause kommt. So zeigen Sie ihm, dass Sie an ihn gedacht haben und dass Ihnen seine Bedürfnisse am Herzen liegen. Die meisten Männer sind hungrig, wenn sie heimkommen, und die Aussicht auf eine warme Mahlzeit (besonders auf seine Leibspeise) gehört zu einem herzlichen Empfang, so wie man ihn braucht."[2]

Was sich hier schon in der Einleitung wie ein schlechter Scherz liest und auf Wikipedia[3] wegen mangelnder Beweise hinsichtlich der angegebenen Herkunft des Artikels als E-Mail-Scherz beziehungsweise als eine moderne Sage angenommen wird, habe ich in meiner Kindheit selbst so erfahren dürfen.

Bevor mein Vater von der Arbeit heimkam, wurde das Haus gesäubert, alles war aufgeräumt, damit der gnädige Herr Gemahl in eine Oase der Ruhe einkehren konnte. Schließlich war er es ja, der von seiner erschöpfenden Arbeit nach Hause kam. Mein Bruder und ich wurden zur Ruhe ermahnt, hatten uns in unseren Kinderzimmern still zu verhalten, weil mein Vater, wenn er von der Arbeit nach Hause kam, erstmal seine Ruhe bräuchte. Für meinen Bruder und mich war das völlig normal. Unsere Mutter hat unseren Vater über die Geschehnisse des Tages informiert und so gab es beim Abendessen entweder Lob oder Tadel. Strafen wurden vom Vater ausgesprochen und ausgeführt. Meinen Bruder hat es oft heftig erwischt und ich bin immer wieder

[2]Quelle: Housekeeping Monthly, 1955
[3]Quelle: Wikipedia "Handbuch für die gute Hausfrau"

dazwischen gegangen, habe meinen Vater angefleht und angebrüllt, meinen Bruder in Ruhe zu lassen. Selten erfolgreich. Mein Vater war der Mann im Haus und er war es auch, der die Moneten mitbrachte. Das hat er immer wieder sehr deutlich betont und einmal im Monat ist das Ganze dann auch eskaliert, nämlich dann, wenn meine Mutter ihm Rede und Antwort stehen musste, wo sie denn all sein sauer verdientes Geld gelassen hätte. Die monatliche Telefonrechnung war ebenfalls immer wieder Anlass für ihn, uns Kinder zur Rede zu stellen. Ich erzähle hier keineswegs aus dem 18. Jahrhundert, sondern aus den 1970er-Jahren.

Als Kind habe ich das nicht hinterfragt, es war normal. Ich empfand vieles als ungerecht, aber es war so. Das habe ich einfach akzeptiert. Bis 1962 erhielt eine Frau in der BRD kein eigenes Bankkonto ohne die Zustimmung des Ehemannes und noch bis 1977 waren Frauen gesetzlich dazu verpflichtet, den Haushalt zu führen! Der Ehemann konnte darüber bestimmen, ob seine Frau arbeiten gehen durfte, und die rechtliche Verankerung der Gleichberechtigung und die praktische Umsetzung lagen weit auseinander. Mein Vater fand es asozial, wenn seine Frau arbeiten gehen würde. Was sollten denn da die Kollegen von ihm denken? Das würde ja so aussehen, als könne er die Familie nicht ernähren. Eine gute Ehefrau weiß, wo ihr Platz ist.

Es geht hier keineswegs darum, auf die Männer oder die Gesellschaft an sich einzudreschen. Ich habe großes Mitgefühl mit Männern, die sich heute mehr denn je im Kampf mit ihrer Rolle befinden. Ihnen wurde von Kind an beigebracht, nicht zu weinen und keine Emotionen zu zeigen. Die sich als kleine Jungs und heranwachsende Männer sicher ebenso ersehnt haben, von ihren Vätern zu hören, dass sie liebenswert, wertvoll und wundervoll sind statt: „Sei ein Mann." Es geht folglich nicht um Schuldzuweisungen. Mir geht es darum, dass wir das weibliche Selbstvertrauen aufbauen und das bedeutet auf keinen Fall, dass wir dafür andere herabsetzen müssen. Dafür müssen wir nicht nach rechts und links austreten, andere unterdrücken oder es ihnen heimzahlen. Verhalten wir uns so, dann bleiben wir in der Annahme von Schuld stecken und das haben wir weiß Gott lange genug getan. Schuldzuweisungen sind immer durch ein Gefühl der Ohnmacht ausgelöst und das lässt uns in der Opferrolle verharren. Lasst uns da herausfinden und unser Leben in die Hand nehmen. Die Basis schaffen wir, wenn wir endlich bereit sind, für uns selbst einzustehen. Auf uns selbst mit Liebe zu schauen. Uns mit Selbstachtung und Würdigkeit zu betrachten. Ein Gefühl von Selbstliebe zu entwickeln, denn das ist nichts anderes als das Gefühl der eigenen Würdigkeit anzuerkennen, zu fühlen und zu leben. So wird es uns gelingen, in einem liebevollen Miteinander mit allem zu sein. Schauen wir noch einmal zurück.

Meine Mama hatte bis 1986 kein eigenes Bankkonto. Arbeiten gehen durfte sie das erste Mal 1979, als Aushilfe in einem Geschäft für Kinderkleidung. Meinem Vater hat das nicht wirklich geschmeckt, denn seine heiligen Samstage litten darunter. Weil meine Mutter an Samstagen arbeitete, musste er uns am Samstagmorgen zur Schule bringen und sich um uns kümmern. So hat er dann auch gerne dem Wunsch meiner Mutter nach einem dritten Kind nachgegeben, somit war für ihn gesichert, dass sie weiterhin zu Hause bei den Kindern blieb und sich kümmerte. Damals war ich 13 Jahre und habe das natürlich so nicht mitbekommen. Für mich war unser Alltag normal, schließlich glich er auch dem anderer Familien. Dennoch begann ich als Teenager, die Dinge nicht mehr so hinzunehmen. Meiner Mutter habe ich mit 13 Jahren dann auch das erste Mal geraten, sich scheiden zu lassen (meine Eltern sind noch heute verheiratet). Für mich waren diese ständigen Streitereien um Geld und das, was mein Vater von dem Verhalten meiner Mutter hielt, ein echter Horror. Mit meinem Vater hatte ich viele Jahre lang heftige Diskussionen über die Gleichberechtigung von Mann und Frau. Über seine Sicht der Rolle von Frauen und

Mädchen und natürlich meine Erziehung. Denn ich durfte keinen Mofa-Führerschein machen, mein um ein Jahr jüngerer Bruder durfte das selbstverständlich und bekam auch eins. Ich durfte keinen 80er-Führerschein machen, mein Bruder ... Ich durfte nicht so lange raus wie mein jüngerer Bruder, und als ich mit 17 Jahren das erste Mal bei meinem Freund übernachten wollte (nur übernachten), da schimpfte mich mein Vater in einem heftigen Streit eine Hure. Wohingegen mein Bruder mit einem kräftigen Klopfer auf die Schulter bedacht wurde, als er das erste Mal bei seiner Freundin übernachten wollte! Meinen Autoführerschein durfte ich mit 18 Jahren machen, und ich durfte auch die Autos meiner Eltern fahren. Mein Bruder bekam zusätzlich zum Führerschein das eigene Auto und ich durfte es mir dann mit ihm teilen. Da war ich schon 19 Jahre und in einer Ausbildung zur Arzthelferin. Ausgezogen bin ich mit 20 Jahren, als ich mein erstes volles Gehalt bekommen habe. Endlich frei sein.

Meine Eltern haben sicher immer ihr Bestes getan und das immer aus Liebe zu mir und meinen Brüdern. Es waren und sind die mächtigen Glaubenssätze, die sie übernommen haben und die sie haben reagieren lassen, immer in dem festen Glauben, das Beste zu geben und zu tun. Und ist es nicht auch bei uns so? Übernehmen wir nicht ebenfalls brav und unterbewusst all diese vielen, uns einschränkenden Glaubenssätze? Hinterfragen wir nicht selbst auch viel zu wenig und geben uns zu schnell zufrieden? Meine Mutter habe ich jedoch jahrelang als Opfer wahrgenommen, als schwach und klein. Ich war oft wütend auf sie, weil sie sich als Frau nicht gewehrt hat, weil sie hingenommen hat. Ich habe sie nicht verstanden und wollte es auch gar nicht. Ich habe ihr oft heftige Dinge um die Ohren gehauen und es gab viele Jahre, die von Nichtverständnis meinerseits und Eifersucht oder Neid seitens meiner Mama geprägt waren. Das äußerte sich gerne in solchen Sprüchen: „Tochter müsste man in diesem Hause sein." Was ich dennoch immer erfahren habe, ist Vertrauen. Vor allem von meiner Mama. Sie war nicht nur immer da, wenn ich sie brauchte, sondern sie hat immer vertraut, immer Mut gemacht und zu uns gestanden. Ihre wahrhaftige Größe konnte ich jedoch nicht sehen.

Ich war selbst viel zu sehr in meinen Glaubenssätzen und dem Hin und Her in mir gefangen. Ich fühlte, dass es nicht richtig war, habe aber ganz viele Dinge selbst übernommen und gegen meine Wahrheit gelebt. Noch während meiner ersten Ehejahre bekam ich regelmäßig Ratschläge seitens meiner Mutter, wie ich mich ihrer Meinung nach als gute Ehefrau zu verhalten habe.

„Michi, du weißt schon, dass es auf dich als Ehefrau zurückfällt, wenn die Hemden deines Mannes nicht ordentlich gebügelt sind." Und so bin auch ich, wie wahrscheinlich die meisten Frauen, die ich kenne, in meiner Beziehung an wirklicher Gleichberechtigung gescheitert. Wie soll ich mit jemandem hart verhandeln, den ich liebe? Ich habe, ebenso wie meine Mutter damals, die Rolle der pflichterfüllenden Ehefrau und Mutter eingenommen, meinen Ehemann und Vater meiner Kinder über das Tagesgeschehen informiert und mich hin- und hergerissen gefühlt, zwischen ihm, mir selbst und den Kindern. Ich habe in unserem eigenen Business voll mitgearbeitet, eigene Wünsche und Träume hinten angestellt, mich selbst vernachlässigt und brav funktioniert, damit ich seine Erwartungen an mich erfüllte. Das Sahnehäubchen oben drauf war meine eigene Messlatte und die gigantischen Erwartungen, die ich an mich selbst stellte. Und so kann ich heute über diese Dinge schreiben, weil ich irgendwann offen für die Sicht meiner Mutter und ihre Erzählungen war. Damit, dass ich aufhörte, ständig über mich selbst zu urteilen, konnte ich endlich das Bedürfnis loslassen, über sie zu urteilen, und mich selbst von Schuld und Minderwert befreien, indem ich ihr und mir verziehen habe. Und glaube mir, das war ein langwieriger Prozess. Es kam immer wieder Wut in mir hoch und das Verlangen, meiner Mutter alle Schuld der Welt in die Schuhe zu schieben. Je mehr ich diesen Mechanismus jedoch erkennen konnte, umso kleiner wurde das Bedürfnis, über sie zu richten. Heißt es nicht so schön: Wer im Glashaus sitzt, sollte nicht mit Steinen werfen? Und wir sitzen alle im Glashaus. Es lohnt sich, sich immer wieder daran zu erinnern, bevor wir loslegen mit unserem Gezeter über andere und unseren Urteilssprüchen.

Wir sind nicht hier, weil uns das Leben, oder irgendjemand, für unsere Fehler bestraft. Wir machen Fehler, weil wir aus ihnen lernen dürfen. Über sie hinausgehen, um dann eine neue Wahl zu treffen. Eine neue Entscheidung. Einen neuen Gedanken. Den Gedanken der Liebe. Hat nicht Jesus schon gesagt: „Vater, vergib ihnen, denn sie wissen nicht, was sie tun"[4]? Es ist also an der Zeit, dass wir all die Wut und Schuldzuweisungen hinter uns lassen. Raus aus der Opferrolle und der Ohnmacht. Uns unserer Macht und Stärke bewusst werden. Dass wir jetzt beginnen, für uns selbst einzustehen, für uns selbst zu denken und jenes Leben zu erschaffen, von dem wir sagen, dass wir es leben wollen. Die Emanzipation hat uns ganz sicher dabei geholfen, dennoch hat sie uns viel Wut, Urteil und Frust geschenkt (und tut es für viele Frauen noch immer). Heute schaffen wir es mit Leichtigkeit, einander zu zerfleischen. Es scheint nicht auszureichen, dass wir, wenn wir über Gleichberechtigung sprechen, noch immer große Unterschiede erleben. Nein, wir zeigen mit dem Finger

[4]Lukas 23 Vers 34, LUT

auf andere Frauen und werfen uns gegenseitig Steine in den Weg. Wir haben es erfolgreich geschafft, dass wir als Frauen alles schaffen müssen, Kinder, Haushalt, Job, Partnerschaft ... – selbstverständlich möglichst perfekt – UND unseren Mann sollten wir auch stehen. Weit weg von uns selbst können wir die eigene Erwartungshaltung an uns nicht erfüllen. Wir sind innerlich zerrissen und zerreißen auch gleich alle anderen mit.

Ich habe jahrelang in dieser Blase aus eigenen Erwartungen und Glaubenssätzen festgesessen und diese haben mich perfekt angetrieben. Ich habe keinen Vergleich gescheut und wirklich jeden einzelnen dazu verwendet, mich selbst klein zu reden und nicht gut genug zu fühlen. Hinzu kam die dauergrinsende Werbemaschine, für die auch ich ein leichtes Opfer war. Die Werbebranche nutzt noch heute unser mangelndes Selbstwertgefühl aus, spielt mit unseren Ängsten, wir könnten nicht gut genug sein, und nutzt diese schamlos aus, um ihre Botschaften an uns zu bringen. Damit wir ihre Produkte kaufen, lautet die subtile Botschaft: Du bist erst dann schön, toll, sexy, begehrenswert, eine tolle Partnerin und Ehefrau, gut genug oder erfolgreich, wenn du dieses Produkt hast. Es werden Bilder von Frauen kreiert, die gegen jede Wahrheit sind, weil sie aber allesamt mit unserem Mangel spielen, treffen sie uns mitten ins Herz. Und wir schreien laut: Ja, ich will. Laufen diesen Bildern hinterher, glauben an den großen Fake und fragen uns weiterhin: Wie kann ich möglichst perfekt sein, makellos, ewig jung, immer gut drauf, lächelnd, gütig, sexy, handwerklich begabt, im Haushalt top, meinen Mann befriedigen, erfolgreich sein und meinen Mann stehen? Selbst ist die Frau. Keine Schwäche zeigen. Paris, New York, Madrid, die Frisur sitzt und das Lächeln ist eingemeißelt. Und so kehren wir unseren Selbstwert fleißig weiter unter den Teppich und glauben, wir müssten übermenschliches leisten, um anerkannt und geliebt zu werden.

Bis die große Trauer kommt. Ganz langsam schleicht sie sich ein. Ihr treuer Freund ist die Einsamkeit und beide suchen sich ein warmes Plätzchen in unserem Herzen. Was ist das für ein Wahnsinn! Ich bin eine Frau. Ich habe Bedürfnisse, ich habe Stärken und ich habe Schwächen. Das ist übrigens bei allen Menschen gleich. Und ich will LIEBE! Ich will mich selbst lieben können, ich will lieben und geliebt werden. Ich sehne mich nach Nähe und bin mir selbst so fern. Ich sehne mich nach Wertschätzung und wertschätze mich selbst nicht.

Lasst uns jetzt gemeinsam in das Lied der Freude und der Liebe einstimmen. Damit uns das gelingt, will ich dich daran erinnern, dass Gedanken keine Fakten sind. Gedanken sind kleine Geschichten, die wir uns erzählen, und die variieren durchaus je nach Stimmung. Sie sind eher wie ein Fähnchen im Winde oder die Samen der Pusteblume, die sich in alle Himmelsrichtungen verstreuen, wenn wir sie anpusten. Munter tanzen sie in alle Richtungen, um sich dann mit neuen Gedanken zu vereinen oder ein lustiges Ringelreihenspiel zu spielen. Dieses Spiel, welches wir gut beherrschen, ist so gut, dass es uns immer wieder einen Schritt davon entfernt hält, gut genug zu sein. Damit wir bei diesem Gedankenspiel nicht müde werden, erhaschen wir immer mal wieder kurze Momente des Glücks. Je mehr wir dann versuchen dieses kleine Glücksgefühl festzuhalten, umso schneller kommt die nächste hübsche, kleine Geschichte über unser Nichtkönnen in unsere unbewusste Wahrnehmung. Es läuft ein Selbstzerstörungsprogramm im Autopilotmodus. Der unterbewusste Geist ist ein Gewohnheitsgeist. Seine Programme kommen hauptsächlich von anderen Menschen, deren Glaubenssätze er ungefragt übernimmt, und wird somit zu einer Kopie von Programmen anderer. Seine Wirkung auf uns ist negativ, entmachtend und selbstsabotierend.

Du bist nicht von den Gedanken, Worten und Taten der anderen abhängig!
Du bist kein Opfer ihrer Welt. Deine Gedanken und deine Worte haben eine schöpferische Kraft.
Vertraue dir und wähle weise.

Bleiben wir in diesem Autopilotmodus, geben wir unsere Macht ab, überlassen sie anderen und ihren Programmen. Und so ist es, als würden wir uns selbst ins Bein schießen und am Ende des Tages schauen wir uns unsere blutenden Beine an. Am Anfang mag es uns noch wundern, bis es normal wird und wir ein wenig abtupfen, Strümpfe drüberziehen, damit wir das Elend nicht länger sehen müssen, und weiter machen. Die wirklich gute Nachricht ist: Wir können den Autopiloten ausschalten und das Programm „Angst, nicht gut genug zu sein" verändern. Zunächst müssen wir erkennen, welche negativen Überzeugungen in uns am Werk sind. Die meisten von uns haben keine Idee davon, was da ständig im Autopilotmodus läuft und was sie wirklich glauben. Ich empfehle dir, deine kleinen Geschichten, deine Gedanken aufzuschreiben. Nimm dir, während du in diesem Buch weiterliest, dafür ein kleines Büchlein oder einige Zettel und schreibe deine Gedanken auf. Und da du das nur für dich aufschreibst, brauchst du es nicht schöner erzählen, als es ist, denn dazu neigen wir. Mir scheint, es sei so, dass wir unsere Geschichte gut verkaufen wollen, damit wir vor anderen und uns selbst gut dastehen. Hier brauchst du das nicht!

Mit dem Beginn deiner Notizen wirst du wahrscheinlich erst einmal an der Oberfläche deiner Gedanken (Glaubenssätze) kratzen. Führe sie immer weiter fort. Nimm dir täglich Zeit dafür und schreibe deine Gedanken (Überzeugungen, Glaubenssätze) zu folgenden Themen auf: Partnerschaft, Männer, Liebe, Ehe, Geld und Wohlstand, meine Arbeit, Frausein, Weiblichkeit, das Altwerden, und was dir sonst noch einfällt. Nimm dir Zeit dafür. Das ist ein Prozess und glaube mir, wir neigen dazu, die Dinge nicht ehrlich anzusprechen, also schwindeln wir uns auch gerne an, wenn wir sie aufschreiben sollen. Ich kann dir nur empfehlen, das nicht zu machen. Sei ehrlich, lass es raus und wenn Tränen dabei fließen, lass sie fließen. Du brauchst dich für nichts schämen und erst recht nicht verurteilen.

Schon das Aufschreiben kann sehr reinigend wirken. Hier geht es nur darum zu erkennen, woran du glaubst. Welche Regeln du für dein Leben aufgestellt hast, wie du dich selbst siehst und womit du dich einschränkst. Du kannst den Autopilotmodus erst dann ausschalten, wenn du ihn erkennst.

Hast du deine Listen fertig, dann lies sie dir durch. Markiere die Geschichten, die dich ermutigen und erheben, mit einem Herzchen oder Sternchen oder einem pinken Marker, ganz wie du magst. Das sind die Geschichten und Glaubenssätze, die du stärken und behalten darfst. Alle Gedanken, Geschichten und Überzeugungen, die dich erniedrigen, dich entmutigen, mit denen du dich selbst beschmutzt, beschämst, beleidigst, die dich traurig oder wütend machen, die Dunkelheit in dich bringen, werden wir gemeinsam austauschen. Schritt für Schritt. Durch bewusstes Gewahrsein.

Ich möchte deine, und auch meine, Entwicklung gerne mit der eines Schmetterlings vergleichen: Aus einem Ei erblickt eine kleine Raupe das Licht der Welt. Sie

frisst sich dick und fett und häutet sich mehrmals. Mit dünnen Fäden befestigt sie sich an einem Zweig und wirft noch mal ihre Haut ab, unter der eine feste Hülle ist. Sie spinnt ihren Kokon und verpuppt sich. In der Puppe wächst der Falter. Wenn er schlüpft, sind die Flügel noch feucht und zerknittert. Der Falter pumpt Blut hinein, damit sie sich entfalten. Sind die Flügel des Falters trocken, fliegt er los.

Ein wunderschöner Schmetterling.
Ich nenne das Leben. Dein Leben. Mein Leben. Unser Leben. Alles Leben.

Wir werden geboren
lernen
hören Geschichten
lernen
sammeln Erfahrungen
lernen und lehren
machen Fehler
lernen und lehren
treffen Entscheidungen
lernen und lehren
überdenken noch einmal alles Hin und Her
lernen und lehren.

Während dieser ganzen Zeit wachsen uns Flügel.

Diese Flügel sind zum Fliegen da. Lass es zu, dass sie wachsen. Lass sie trocknen. Pumpe Blut – Leben, Glück, Freude und Liebe – hinein UND FLIEGE!

Stell dir jetzt nur für einen Augenblick vor, wie dein Leben aussehen würde, wenn du mit jeder Faser deines Seins bewusst wahrnehmen würdest, dass du unendlich wertvoll und vollständig bist. Dass alles bereits in dir ist. Dass jede Zelle deines Körpers erfüllt ist von Liebe, Dankbarkeit, Mitgefühl, Güte und Gnade. Dass du gesegnet bist. Dass du die Erschafferin deines Leben bist. Dass dies alles bereits in dir angelegt ist, um in tiefer Liebe zu dir selbst und in Verbundenheit mit allem Sein deinen Weg zu gehen. Diesen Garten brauchst du nur pflegen, gar nicht aufwendig, sondern nur mit weiteren liebevollen Gedanken und dem Blick der Liebe. Stell dir vor, dass du keine Angst haben musst. Wir sind so viel mehr als das, was man uns erzählt, was wir sind. Dass du die Macht hast, deine Gedanken und die Geschichten frei wählen zu können, die du dir über dich selbst und alles, was dich berührt, erzählst. Dass du jeden Fehler als Chance und Geschenk erkennen kannst. Dass deine größten Träume in Erfüllung gehen. Stell dir nur für einen Moment vor, wie dein Leben aussehen würde, wenn du aus tiefstem Herzen an dich, deine Möglichkeiten und deine Fähigkeiten glauben würdest. Stell dir jetzt vor, wie du 50 Billionen Zellen die frohe Botschaft mitteilst: Ich bin Liebe. Und 50 Billionen Zellen fühlen: Hey, ich bin cool. Ich bin gut so, wie ich bin. Stell es dir jetzt vor und fühle es. Schließe nun für einen Augenblick deine Augen und gib dich diesen wunderschönen Gedanken und Gefühlen ganz hin.

Das, was du jetzt gerade gesehen und gefühlt hast, das bist du in Wirklichkeit.

Sollte das gerade nicht so gut geklappt haben, sei dir nicht böse. Du brauchst nur noch ein wenig mehr Übung darin. Am besten täglich. Mit kleinen, schönen Geschichten über dich und dein Leben, deine Herzenswünsche und deine Sehnsüchte. Mache dies zu einer neuen Gewohnheit und male dir jeden Abend vor dem Schlafengehen deine bunte Geschichte in Gedanken aus und erinnere dich am Morgen noch vor dem Aufstehen wieder daran.

Lerne bewusstes Gewahrsein

Nimm dieses schöne Gefühl und die schönen Gedanken und erinnere dich so oft du kannst daran, wer
du wirklich bist. Du bist jetzt so weit, dass du dich
beobachten lernen kannst. Wenn nun ein negativer
Gedanke auftaucht oder du dich vielleicht auch in einer
ganzen Serie von negativen Gedanken wiederfindest,
dann beginne, dich dabei zu beobachten. Nimm einfach nur wahr. Bewerte weder die Situation noch die
Gedanken. Schau ihnen zu, wenn du magst, aber laufe
ihnen nicht mehr hinterher und halte sie nicht mehr
fest. Sieh sie dir an, diese negativen Gedanken. Er-
innerst du dich daran, wie sehr dich eine Geschichte
fesselte, die du in einem der letzten Bücher gelesen
hast? Wie sehr hast du mitgefühlt? Wie sehr warst du
in dieser Geschichte, vielleicht sogar selbst Teil des
Buches? Oder stell dir vor, du sitzt in einem Kino und
schaust gerade den Film, den deine Gedanken dir zeigen. Du wirst schnell erkennen können, ob dieser Film
die Wahrheit ist und dich glücklich macht oder ob es
eher ein Horrorstreifen ist. Dein Leben muss nicht länger aus Horrorfilmszenarien bestehen, denn du hast ja
soeben einen ersten Blick auf dich bekommen, wie du
wirklich bist. Nur allein durch diese veränderte Position

der Beobachterin entsteht ein neuer kleiner Raum von Bewusstsein. Das ist deine kleine Schatzkammer, und je öfter du diesen Raum betrittst, umso mehr wird er sich ausdehnen. Und nun kannst du neu wählen. Du hast bereits damit begonnen, als du dir vorgestellt hast, wie es sich anfühlt, wenn du aus tiefstem Herzen an dich und deine Fähigkeiten glauben würdest. Ich weiß, dass es sich am Anfang schnell wieder verflüchtigt und die gewohnten Denkmuster ruckzuck wieder da sind. Deshalb verrate ich dir jetzt auch mein Geheimnis, wie es mir gelingt, die guten Gedanken in meinem Leben zu festigen.

Ich habe vor einigen Jahren begonnen, mir schöne Geschichten über mich zu erzählen. Ganz genauso, wie wir beide das soeben gemeinsam geübt und uns vorgestellt haben. Nicht einmal in der Woche, sondern täglich. Zur Unterstützung habe ich mir kleine Klebezettel geschrieben und die überall dort hingeklebt, wo ich mich regelmäßig aufgehalten habe. Es hat auch Zeiten gegeben, da habe ich mit Lippenstift eine frohe Botschaft für mich auf den Badezimmerspiegel geschrieben. Ganz aktuell habe ich mir folgende Notiz an mich an meinen Kühlschrank geheftet: „Ich bin wundervoll. Ich liebe mich." Und nur für den Fall, dass du jetzt auf den Gedanken kommen könntest, dass sei ja alles Selbstverarsche, bedenke Folgendes: worin genau besteht der Unterschied, wenn du dir doofe Geschichten erzählst (also dein übliches und vor allem selbst erfundenes oder übernommenes Selbstzerstörungsprogramm) oder damit beginnst, dir liebevoll zu begegnen? Auf den ersten Blick sind es in beiden Fällen Geschichten und auf den zweiten Blick ist nur eine davon die Wahrheit. Und das ist nicht die, bei der du dich schlecht fühlst!

Wenn die Angst dir also demnächst ihre Geschichte erzählen will, dann bleibe ruhig. Atme und schau, ob diese Angst die Wahrheit ist. Entscheide, ob du diese Geschichte glauben willst und der Angst somit ein gemütliches Plätzchen in dir anbietest, oder ob du doch lieber den Blick der Liebe wählen willst. Beides ist möglich. Bedenke jedoch, dass die Angst dich nur festhalten und dein Wachstum verhindern will. Die Liebe schenkt dir immer deine Freiheit. Auch wenn es dir zu Beginn vielleicht schwer fällt, erinnere dich so oft wie nötig daran:

Ich komme aus der Freude und der Liebe. Ich bleibe damit im Einklang, um meine Träume und Wünsche zu erfüllen und zu leben.

Ich entscheide mich, in meinem natürlichen Zustand der Freude und der Liebe zu bleiben.

Immer, wenn ich angespannt, gestresst, depressiv oder ängstlich bin, habe ich meinen natürlichen Zu-

stand verlassen.

Ich habe die Kraft und die Macht, jederzeit wieder in meinen natürlichen Zustand von Freude und Liebe zu gehen.

6

Wenn es in dir dunkel wird

Es ist nicht so, dass irgendwo in unserem Kopf ein kleines Männlein sitzt und das Licht ausknipst und dann ist es dunkel in uns. Es ist eher wie ein Dimmer, den wir selbst bedienen. Und die Augen gewöhnen sich schnell an die jeweiligen Lichtverhältnisse. Bis es vollends dunkel ist, haben die meisten bereits eine lange Reise der (Selbst-) Erniedrigung hinter sich. Wir fürchten uns davor, ein Risiko einzugehen. Das Risiko, dafür einzustehen, wer wir wirklich sind. Was wir fühlen. Wir haben gelernt, nach den Ansichten und Ansprüchen anderer, ihren Erwartungen an uns, zu leben. Aus Angst davor, nicht akzeptiert zu werden. Nicht anerkannt. Nicht gesehen. Nicht bewundert. Nicht belohnt. Nicht geliebt. Aus geglaubter Abhängigkeit. Aus Angst vor Verlust. Ich glaube daran, dass wir alles sein können, was wir wollen. Und wenn du glaubst, dass das nicht so ist, dann schau noch einmal in **Kapitel 5** und mach die Übung, die ich dir empfohlen habe.

Meine lange Reise der Selbsterniedrigung hat in

meiner Ehe so richtig Fahrt aufgenommen. Auch das war ein Prozess. Zu Beginn war noch alles rosarot, den Dimmschalter hatte ich aber, ohne es wirklich zu wissen, schon fest in der Hand. Nachdem sich die ersten schwärmerischen Gefühle sanft gelichtet hatten und der Wahnsinn des Alltags Einzug hielt, begannen wir uns einzurichten in das, was wir Partnerschaft nannten. Mein Ex-Mann und ich wuchsen zu einem sehr erfolgreichen Business-Gespann heran und in diesem Teil unserer Beziehung haben wir uns perfekt ergänzt. Jeder hatte seinen festen Platz, wobei ich freiwillig den in der hinteren Reihe eingenommen hatte. Die Familie und unsere Kinder waren mir wichtiger und so waren die Aufgaben klar verteilt. Unsere Selbstständigkeit ließ sich nur schwer vom Privatleben abgrenzen und wurde so immer mehr der einzige Inhalt unserer Beziehung, denn Privates fand irgendwann nicht mehr so wirklich statt. In den ersten Jahren habe ich noch eingefordert, dass mein Partner sich auch als Partner in unser Leben mit einbringt, in die Kindererziehung, den Haushalt, den Freundeskreis, die Familie. Dann habe ich begonnen, für ihn zu lügen, wenn er mal wieder keine Lust hatte, an einem Familienfest teilzunehmen, ihn vor Freunden und der Familie in Schutz zu nehmen, weil er doch so schrecklich beschäftigt war.

Im Laufe der Jahre bin ich einfach leiser geworden.

Es zerriss mich festzustellen, dass ich jemanden liebte, dass die Liebe allein aber nicht zu reichen schien. Nicht etwa, weil ich zu wenig davon empfand, sondern weil auch die größte Liebe als Grund nicht ausreicht, um mit einem Menschen zusammen zu sein. Denn nur, weil ich mein Herz an jemanden verschenke, muss das nicht bedeuten, dass das zu einer erfüllenden Beziehung führt. Anstatt mir das einzugestehen, machte mich die Situation eher ohnmächtig, schließlich wütend und dann habe ich aufgegeben. Somit habe ich dann wahrhaftig die Ehe meiner Eltern nachgelebt, ohne mir dessen bewusst zu sein, mich in diese Rolle gefügt und im Business weiter meinen „Mann gestanden." In unserer Selbstständigkeit habe ich mir meinen Platz gesucht, dort wurde ich gesehen, und glaubte, eine glückliche, erfüllte Frau zu sein. Wir hatten Geld, Erfolg, Bewunderung, Anerkennung, konnten reisen, und ich hatte zwei große Kleiderschränke, die zum Bersten voll waren, und eine Schuhsammlung, die mich ohne Schwierigkeiten einige Monate jeden Tag ein anderes Paar Schuhe hätte tragen lassen. Nach außen hatten wir die perfekte Fassade einer wahrhaft glücklichen Familie. Und natürlich hatten wir auch wunderschöne Momente und tolle Zeiten, die dann immer wieder die Hoffnung in mir geweckt haben, dass es sich lohnt weiterzumachen.

Die Hoffnung jedoch ist ein garstiges Ding. Sie stirbt

deshalb zuletzt, weil sie sogar die eigene Dummheit überlebt. Es ist die Hoffnung, die uns immer wieder das erzählt, was wir hören wollen. Somit ist die Hoffnung so etwas wie die Freundin des Dimmschalters in der eigenen Hand. Sie hilft, das Leiden erträglicher zu machen. An der Situation verändern tut sie gar nichts. Hoffnung ist wie der vorgetäuschte Orgasmus, an den ich mich auch gewöhnt hatte. Sie ist das Betäubungsmittel, das Antidepressivum, die Pille, die die Schmerzen kurzweilig unterdrückt, niemals aber Heilung bringen kann. Es ist die Hoffnung, die uns einredet, dass alles gut wird. Dass wir nur noch ein bisschen aushalten müssen. Vielleicht hilft ja die Heirat, das zweite oder dritte Kind, das Eigenheim … Und so tun wir Menschen all das unter dem Drogeneinfluss der Hoffnung und sind mit dem dringenden Wunsch, glücklich zu sein, dennoch weit weg von uns selbst. Eine Erklärung, oder gar Anleitung, wieso oder wie sich alles zum Guten ändern soll, bleibt uns die Hoffnung schuldig. Das vermag sie nicht und wir fragen bei ihr auch nicht nach.

Was ich und mein Ex-Mann schon zu Beginn unserer Beziehung nicht hatten, war Zweisamkeit. Und wenn ich nun an dieser Stelle ehrlich bin, dann waren auch unsere Charaktere nicht wirklich kompatibel. Wir hatten nicht die gleichen Wertvorstellungen, waren weit voneinander entfernt, was die persönliche Reife, die

Lebensziele und das Beziehungsmotiv anging. Wir hatten einfach nie darüber gesprochen, weil es tatsächlich die perfekte Harmonie im Business gab. Und über das Geschäft hatten wir uns kennengelernt und uns schließlich gemeinsam eingerichtet. Ich wollte von meinem Partner gesehen werden. Da er mich jedoch nur im Business gesehen hat, habe ich irgendwann begonnen, mich in unserer Ehe darüber zu definieren, und die Rolle eingenommen, die er sehen konnte. Die brave Frau, die hinter ihrem Mann steht, alles managt, mit eigenen, kurzen glänzenden Auftritten im Business, immer bereit, den einen Schritt hinter ihm zu bleiben. Und dann mischte sich das Leben ein und ich begann zu denken. Und der Autopilot schaltete sich zuverlässig ein. Damit das nicht so wehtat, habe ich mir daraus meine eigene kleine Geschichte erzählt. Meine kleine Lügengeschichte von einer glücklichen, erfüllten Frau mit einem bewundernswerten Mann an ihrer Seite, wundervollen Kindern, und alle hübsch anzusehen. Ich habe aufgehört, mein Leben aus Wünschen und Sehnsüchten zu erschaffen, weil ich viel zu sehr damit beschäftigt war, meine kleine Lügengeschichte bunt auszumalen. Schließlich sollte sie mir nicht wehtun. Schön sollte sie sein. Bewundert werden sollte diese kleine Familie in dieser netten Geschichte. Das Licht in mir wurde weiter gedimmt und die Augen passten sich an, die Hoffnung half. Bis ich mich selbst in der Geschichte verlor.

Aus Angst vor der Wahrheit kriechen wir lieber in 1.000 Lügen, verstümmeln uns und unsere Wahrnehmung bis zur Unkenntlichkeit und öffnen dem Minderwert und der Abhängigkeit Tür und Tor. Weil wir dann so weit weg von uns selbst sind, glauben wir eher daran, dass wir falsch seien, und häufig wird das dann vom Partner auch noch befeuert. Wir glauben, es sei total normal, dass wir scheiße behandelt werden, und glauben, dass wir alleine die Schuld an allem tragen. Irgendetwas muss doch mit uns selbst nicht in Ordnung sein, wenn es blöd läuft. Weil wir uns selbst nicht glauben können, unsere Gefühle so lange unterdrückt haben, dass wir gar nicht mehr wissen, was wir wahrhaftig fühlen, halten wir an der Idee von einer Beziehung fest. An der Idee von Freundschaft, an der Idee von Liebe. Ist das aber wirklich Liebe?

Der Mensch neigt dazu, Ideen von etwas zu folgen und daran festzuhalten. Der Idee von einer Beziehung mit einem anderen, die es so vielleicht gar nicht mehr gibt, vielleicht sogar nie gab. Der Idee von einer Freundschaft. Der Idee von Erfolg und materiellem Besitz als der wahren Erfüllung. Der Idee von Liebe. Wie oft aber finden wir uns in einer Beziehung, Freundschaft oder Liebe wieder, die, so glauben wir, ihre Bedingungen an uns stellen darf, damit wir sie verdienen.

Und weil wir daran festhalten, leiden wir, belügen uns und leben gegen unsere Wahrheit. Gegen unser Herz. Gegen unsere innere Stimme. Das macht traurig, leise und krank, und damit der Schmerz nicht so präsent ist, lenken wir uns ab. Mit Arbeit und gutem Funktionieren. Wir gehen sogar noch einen Schritt weiter und verteidigen unsere Idee von Beziehung, Freundschaft und Liebe. Rechtfertigen das, was ist und so wehtut, vor uns selbst und vor dem Rest unserer kleinen Welt. So bleibt die zentrale Frage, die die meisten Menschen bewegt: Wie kann ich Schmerz vermeiden?

Ich hatte einen Traum, in dem ich jeden Menschen als ein sich wandelndes Puzzleteil sah. Jeder einzelne in sich bereits vollständig und als Ganzes und doch Teil eines größeren Bildes. Ich sah zu, wie einige der Teile zusammen verschmolzen und sich gegenseitig zum Meisterwerk hinzufügten. Dann gab es diejenigen, die ebenfalls wunderschön leuchteten, sich aber nicht trauten. Sie hatten Angst, sie könnten nicht richtig sein. Und ich sah, wie sie aus dieser Angst ihr Puzzleteil anpassten, bis ihre Kanten weich wurden, schließlich gänzlich verschwanden und in eine ganz andere Form gebracht wurden. Was sie nicht wussten, war, dass die Form, die sie vorher hatten, perfekt war. Jetzt würde das Puzzleteil, das ursprünglich für sie bestimmt war, unmittelbar an ihnen vorbeikommen und sie nicht mehr erkennen können. Stell dir vor, jedes dieser Puzzleteile hätte sich daran erinnert, dass all seine seltsamen Kanten und Farben, die auf den ersten Blick nicht immer sinnvoll erscheinen mögen, sogar Angst machen können, gut sind, wie sie sind. Stell dir vor, sie hätten sehen können, dass sie in sich einen Schlüssel zum kosmischen Puzzle tragen, um ihre Gaben zu teilen.

Uns Frauen wurde in vielen Kulturen eingeredet, dass wir, um gut genug zu sein, die Bedürfnisse aller über unsere eigenen stellen müssten. Das führt dazu, dass viele von uns ihr Leben damit verbracht haben und noch immer damit verbringen, die Erwartungen anderer zu erfüllen, statt unsere eigenen Gaben und Talente zum Ausdruck zu bringen. Das Leben ist ein Geschenk, in wundervollem Geschenkpapier verpackt, und wir scheuen uns, es auszupacken. Wir dürfen lernen, unsere eigenen Gaben und Talente ebenso wie die anderer wertzuschätzen und unser Licht nicht länger unter den Scheffel zu stellen. Stattdessen spielen wir lieber Verstecken, trauen uns nicht, in unsere Kraft zu gehen, haben Angst vor unserer eigenen Stärke und suchen den Vergleich mit anderen. Wir halten an unseren Ideen von Liebe, Freundschaft und Beziehung fest. An der Idee davon, wie wir glauben, sein zu müssen. So leiden wir stumm weiter, bis dann letztendlich der innere Druck so groß wird, dass wir krank werden und unser Lachen verlieren. Wir bauen eine perfekte Fassade auf und dahinter befindet sich eine Großbaustelle.

Auf meiner Großbaustelle begannen die Gerüste einzustürzen. Während ich dabei zusah, wuchs die Einsamkeit in mir, schrie mich an, etwas zu ändern, aber mein Minderwert und mit ihm das Gefühl, ich würde es alleine nicht schaffen, brüllten dagegen. Als ich endlich begann zu begreifen, dass sich meine Schmerzvermeidungstaktik nicht auszahlte, sondern mich nur noch mehr verletzte, innerlich auslutschte, um mich dann an der nächsten Ecke wie ein altes, gebrauchtes Kaugummi auszuspucken, wurde ich mutig genug, mir meine Lügengeschichte anzuschauen.

Zusammen einsam sein? Das konnte ich besser. Ich habe nie Angst davor gehabt, alleine zu sein. Ich mag Alleinsein. Das ist Zeit, die ich mit mir selbst verbringe, in der ich Kraft tanken kann und zu mir finde. Alleinsein ist der Ausstieg aus dem Wahnsinn des Alltags, der uns in seinen Klauen, und im Zweifel in unseren Lügengeschichten gefangen hält. Alleinsein ist die Kuscheldecke, das warme Bad, der beruhigende Gesang der Stille, die uns helfen, die Harmonie zwischen Körper, Geist und Seele wiederherzustellen. Alleinsein hilft, Abstand zu gewinnen, in die eigene Kraft zu kommen und seinen eigenen Wert zu erkennen. Den Zauber des Alleinseins hatte ich in der Einsamkeit meiner Ehe völlig vergessen. Einsamkeit ist etwas ganz anderes. Ich war einsam, weil ich eine große Leere fühlte. Einen gigantischen Mangel, der mich unfreiwillig getrennt fühlen ließ. Getrennt von mir selbst, getrennt in meiner Beziehung und vor allem getrennt von meiner inneren Kraft.

Mister Minderwert weiterhin die Party in meinem Kopf

feiern lassen? Auch das konnte ich besser. Ich hatte zwar gelernt, meinen Selbstwert von anderen abhängig zu machen und somit dem Minderwert einen perfekten Nährboden angeboten, aber war das wirklich ich oder war das nur den alten, einschränkenden Glaubenssätzen und Lügengeschichten geschuldet, die ich mir so brav erzählt habe, um die Fassade nach außen aufrechtzuerhalten? Und vor allem, für wen wollte ich diese Fassade so krampfhaft aufrechterhalten? Für meine Familie? Für meine Kinder, die ohnehin clever und nah genug dran waren, dass sie schon lange bemerkten, dass ich unglücklich war und die Ehe eine schlechte Komödie, wie ich damals bei meinen Eltern? Die Nachbarn, die Freunde, die Kollegen? Wir haben immer die Wahl, aber damit wir sie überhaupt sehen und letztendlich auch treffen können, brauchen wir das Erkennen von dem, was ist. Indem ich bereit war, die Geschichte, die ich lebte, ein kleines bisschen loszulassen, konnte ich erkennen. Und mit dem Erkennen hatte ich auch eine Wahl. Ich konnte mich neu entscheiden.

Früher war ich nur einsam bis ich Robby hatte, noch nie war ich so glücklich... bis er gestorben ist, denn von diesen Tag an, war ich noch viel einsamer als vorher.

Unsere Vorstellungen, wie eine Beziehung sein
sollte, und die damit verbundene Idee von Liebe
lässt uns auch eine nichtpassende Beziehung in
unser Ideal reinquetschen.

Manchmal brauchen solche Entscheidungen Zeit – hin
und wieder auch viele Jahre, denn wir machen sie uns
nicht leicht. Loslassen ist nicht wegschmeißen. Manchmal ist loslassen einen Schritt zurückzutreten und dann
noch einmal zu schauen. In sich hineinzuschauen. Nicht
durch die Brille der Liebe für den anderen. Nicht durch
die Brille der Gewohnheit, der Angst, des Selbstzwei-
fels, des sozialen Status und vor allem nicht durch die
Brille der Lügengeschichte, die wir so perfekt gewo-
ben haben. Das Leben ist ständig im Wandel und alles
immer in Bewegung, in der Entwicklung, in Veränderung. Es fließt und wie ein Fluss, der sich teilt, fließt
auch eine Freundschaft oder Beziehung nicht immer im
gleichen Flussbett weiter, vielleicht war es aber auch
nie ein Fluss in einem Bett und wir haben es nur so
sehen wollen. Häufig warten wir darauf, dass Verände-

rung einfach passiert, dass sie uns geschieht, so ganz von alleine. Sollten wir nicht vielmehr davon ausgehen, dass der Mensch, dem wir unsere Liebe schenken, ist, wie er ist, weil er so sein will, und eben dies auch akzeptieren? Auch dann, wenn wir mit dem, was wir bemängeln, in vielen Punkten recht haben? Denn dieses Rechthaben nutzt uns nichts. Wer einen anderen Menschen verändern will, macht bloß zwei Menschen unglücklich. Sich selbst und den Menschen, den er gerne anders hätte. Wenn wir Anerkennung für uns selbst durch einen anderen erwarten und erfahren wollen, dann haben wir den Blick für uns selbst gut verschlossen. An dem Gewohnten festhalten, fühlt sich vertraut an und hält uns in unserer Komfortzone fest.

Das, was mich im Herzen erschüttert hatte, war das Erkennen meiner eigenen Lüge, die ich so lange gelebt hatte. Das Erkennen, dass ich mich so sehr verbogen hatte, dass ich ohne Probleme unter dem Teppich hätte Limbo tanzen können, ohne dass es jemandem aufgefallen wäre. Ich traf die Wahl, mich zu trennen und auszuziehen. Mit dieser Entscheidung gingen viele neue Türen auf. Ich bekam ein Jobangebot, das es mir ermöglichte, nicht nur komplett unabhängig zu sein, sondern auch unglaublich neue Erfahrungen zu machen und wahnsinnig zu wachsen. Den privaten Kontakt zu meinem Ex-Mann hatte ich fast komplett eingefroren, geschäftlich hatten wir aber noch immer auf einer wenn auch anderen Ebene einige Berührungspunkte. Es gab teilweise gemeinsame Meetings, gemeinsame Veranstaltungen und wir kamen zurecht. Und da ich sehr dazu neige, meinen Blick immer auf das Gute im Menschen zu richten, verblasste nach und nach das Geschehene und ich glaubte, er hätte sich wahrhaftig verändert. Ich hatte so viele Pflaster auf meine Wunden geklebt, mich so sehr mit Arbeit abgelenkt, um nicht in dem Trennungsschmerz zu ertrinken, dass ich mir selbst einredete, dass doch alles gar nicht so schlimm war.

Nach über einem Jahr Trennung kam, was kommen musste, ich ging zu ihm zurück. Das war kein Zufall, denn meine Definition von Zufall ist, dass dieser nicht willkürlich passiert. Zufall bedeutet für mich, es fällt dir etwas zu, wenn es fällig ist. Und da ich zu diesem Zeitpunkt eines auf jeden Fall noch nicht gemacht hatte – die Situation angenommen, wie sie war, sie losgelassen und verziehen –, schenkte mir das Leben eine neue Gelegenheit, eben dieses zu tun.

Wir glauben, die Zeit heilt alle Wunden. Welch ein Trugschluss. Die Zeit kann die Wunden nicht heilen, sie streut nur ein bisschen Puder drüber, ein paar Glitzersterne, und hilft, den Nebel des Vergessens darüber zu legen. Vergessen oder verdrängen ist nicht Heilung. Das Leid verdrängen ist keine Lösung. Verdrängen ist weglaufen und so viel ist sicher, das Leid ist schneller als du. Heilung ist ein aktiver Prozess. Glaube mir eins, wenn du noch nicht fertig mit etwas bist, wenn du dein Leben lebst, um Schmerz zu vermeiden, weil du nicht mehr hinsehen magst, dann kommt es zu dir zurück. Vielleicht in einem anderen Gewand, in Form einer anderen Geschichte, mit anderen Protagonisten, aber es kommt und du bleibst die Hauptdarstellerin. Und so kam es auch zu mir zurück.

Stell dir vor, es ist Krebs und keiner will ihn

Bei uns schlich sich dieses Geschwür langsam und unbemerkt in die Familie. Jeder war in diesem ersten Jahr der Neuauflage unserer Beziehung sehr schnell wieder mit sich selbst beschäftigt, der Alltag hatte uns wieder. Wie sollte es auch anders sein? Wir waren noch immer die gleichen Menschen, mit unterschiedlichen Wertvorstellungen und Lebenszielen. Und auch, wenn wir zwischenzeitlich erste zaghafte Gespräche über unsere weitere gemeinsame Zukunft geführt hatten, schien die im neuen Liebestaumel jeder für sich interpretiert zu haben. So gab es viele geschäftliche Baustellen und weiterhin wenig Privatleben. Die Partnerschaft hatte sich längst erneut verloren, wahrscheinlich auch niemals vorher gefunden, aber so wirklich wahrhaben wollte ich das (noch) nicht. Wer scheitert gerne zweimal? Denn wie ein Scheitern hatte es sich für mich bereits bei der ersten Trennung angefühlt. Ich hatte mich von allen grauenhaften, alten Glaubenssätzen willkommen heißen lassen, habe sie, ohne sie zu hinterfragen, in meine Arme genommen und im Kopf kreisen lassen. Auch wenn es zu Beginn der Trennung einen leichten Adrenalinschub gab, durch den ich mich mutig und kraftvoll fühlte, lief das Programm der Ich-bin-nicht-gut-genug-Frau im Hintergrund bereits auf Hochtouren.

Und dann gibt es diese Momente, die von jetzt auf gleich alles auf den Kopf stellen. Erlebnisse, die dich von jetzt auf gleich ins Niemandsland katapultieren. Nirgendwo gibt es eine Anleitung für diesen neuen Bausatz in deinem Leben. Stell dir vor, es ist Krebs und keiner will ihn. Mein Mann (in diesem Kapitel kann ich Ex-Mann nicht schreiben, weil es sich anders anfühlt. In diesem Teil der Geschichte fühlt er sich wie mein Mann an. Ich bin sicher, du verstehst das). Diese Zeit war so unfassbar intensiv. Mein Mann war antriebslos, oft müde und kaputt. Ich habe das auf den beruflichen Stress geschoben, aber niemals mit diesem Großkaliber gerechnet.

K riegerisch
R achsüchtig
E ingebildet
B esitzergreifend
S chmerzhaft

Routine? Gab es nicht mehr. Sicherheit? Glaub mir, die war erst einmal flöten gegangen. Ja, ich glaube sogar, die hatte sich für eine Weile einem ganzen Flötenorchester angeschlossen und eine Weltreise gemacht. Ich fühlte mich so schrecklich einsam und mit allem alleingelassen. Da stehst du von einem Tag auf den anderen mit einem völlig hilflosen, überforderten Menschen mit Todesängsten an deiner Seite und bist es doch alles selbst auch. Irgendwie hilflos, überfordert, voller Zweifel. Ich habe mich selbst nicht verstanden und suchte doch so sehr nach Verständnis. Es ist nicht nur so, dass dein Partner nicht da ist, weil er eine lange Zeit im Krankenhaus verbringt. Dein Alltag wird über den Haufen geworfen. Krebs ist nicht nur eine Diagnose für den Erkrankten, sondern eine Familiendiagnose. Alle sitzen im gleichen Boot, wenn das große Unbekannte kommt. Bis dahin schippert man mehr oder weniger munter und unbeschwert mit seinem kleinen Familienboot über das Lebensmeer. Die Rollen sind verteilt, jeder macht sein Ding und gibt sein Bestes.

KREBS

„Krebstiere gehören zu den Wirbellosen." Oh ja, ich verstehe die Wahl für die Bezeichnung dieser Krankheit jetzt sehr gut. Wirbellos, ohne Rückgrat, feige, hinterhältig und extrem gewalttätig kommt er daher. Er ist ein Schalentier. Er braucht einen Panzer, um seine ganze miese, abartige Feigheit zu verstecken.

K riegerisch
R ingt er mit dir
E rwischt dich
B rutal und
S chmeißt dich ins Bodenlose

Mit einem großen Knall wird aus dem dahinplätschernden Familienboot ein großer Dampfer mit einer neuen Rangordnung und vielen neuen Passagieren, fast alles ungebetene Gäste, und es gibt auch einige blinde Passagiere, die entdeckt man erst viel später. Die ungebetenen Gäste kommen nicht alle gleichzeitig an Bord und doch so schnell, dass man sie gar nicht alle wahrnehmen kann. Ich stelle dir einen kleinen Auszug aus meiner Passagierliste einmal vor.

DIE OHNMACHT
Meine Ohnmacht war ein Gefühl der Hilflosigkeit und Machtlosigkeit. Ich habe diese Ohnmacht nicht als permanente Begleiterin erlebt. Sie hat ihr Gesicht mehrmals gewechselt. Es gab immer wieder neue

Passagierliste

Situationen im Krankheitsverlauf und vor allem neue Herausforderungen im Umgang mit der Todesangst meines Mannes sowie mit seiner Wut, seiner Ohnmacht und seiner Einsamkeit.

DIE ANGST

Meine Angst kam mit vielen verschiedenen Gesichtern angekrochen. Angst, ob ich das alles schaffe. Angst vor meinen eigenen Gefühlen. Sorge darüber, wie meine Tochter mit ihren zu dieser Zeit 16 Jahren diese Situation übersteht. Sie war schließlich mittendrin im Familiendrama. Mein Sohn, damals 22 Jahre alt, hat zu der Zeit schon in Wien gelebt und hatte somit nicht alles hautnah mitansehen und miterleben müssen. In gemeinsamen Telefonaten habe ich versucht, viel von dem, was wirklich passierte, zu filtern. Hinzu kam meine Angst, ob wir das finanziell überleben. Mein Mann arbeitete selbstständig für ein großes Direktvertriebsunternehmen. Seine Geschäftspartner reagierten so wie fast alle Menschen. Sie verließen ihn. Gingen andere Wege und zerfleischten sich innerhalb der Gruppe sogar noch selbst. Tiere machen das übrigens auch so, sie folgen keinem schwachen und kranken Anführer. Der Anführer hier taugte nichts mehr, er war krank und schwach. Führen lässt man sich eben lieber von einer gesunden, handelnden, kraftvollen Person, die den

Weg kennt. Mein Mann kannte seinen Weg in diesem Moment aber selbst nicht. Die Umsätze wurden weniger und weniger und es war klar, dass mein Mann nicht so schnell wieder würde arbeiten können. Das bedeutete keine Kohle! Mir selbst wurde an dem Tag, an dem mein Mann das erste Mal operiert wurde, von meinem Arbeitgeber gekündigt, worauf eine sofortige Freistellung folgte. Ich war die CSO eines Unternehmens in Wien und plötzlich arbeitslos. Zum Glück hatte ich nicht viel Zeit, um mir darüber Gedanken zu machen. Durch die Freistellung liefen ja meine Bezüge auch erstmal weiter. Irgendwie also bezahlter Urlaub. Das hört sich doch prächtig an, oder? Bis hierhin lebten wir im echten Überfluss.

DIE WUT
Meine Wut kam immer dann hoch, wenn ich mich in meinen Ängsten verloren habe. Ich war wütend auf meinen Mann, wütend auf den Krebs und wütend auf mich selbst. Vor allem dann wütend auf mich selbst, wenn ich meine Wut bemerkte oder meinen Ängsten bewusst und aus einer anderen Perspektive in die Augen sah. Es schien alles so unsinnig. So wahnsinnig.

DIE SCHULDGEFÜHLE
Meine Schuldgefühle wuchsen in alle Himmelsrichtun-

gen. Ich fühlte mich meinen Kindern gegenüber schuldig, weil ich sie nicht gänzlich schützen konnte. Ich fühlte mich meinem Mann gegenüber schuldig, weil ich so viel Wut empfand und ihn so oft einfach nicht verstehen konnte. Manches Mal auch ehrlich gesagt nicht verstehen wollte. Ich fühlte seine Todesangst nicht und ich verstand sie auch nicht. Ich fühlte mich mir selbst gegenüber schuldig, weil ich es so weit hatte kommen lassen.

DIE EINSAMKEIT

Meine Einsamkeit hatte mehrere Seiten. Gäbe es so etwas wie dreifache Einsamkeit, dann habe ich sie zutiefst gefühlt. Da war zum einen die partnerschaftliche Einsamkeit, also die, die ich mir selbst gegenüber verspürte. Ich war alleine. Ich kannte dieses Gefühl schon sehr gut. Ich habe mich im Laufe unserer Ehe so oft einsam gefühlt, dass diese Einsamkeit ein bekannter Begleiter wurde. Dennoch war es dieses Mal anders. Mein Mann lag todkrank im Krankenhaus, und ich war alleine zu Hause. Ich musste mutig sein, tapfer, positiv und alle Entscheidungen alleine treffen.

Dann gab es noch meine gefühlte familiäre Einsamkeit. Mein Zuhause war leer, weil ich es war. Unser neues gemeinsames Heim war wundervoll, aber leider auch viel zu teuer im Unterhalt, was dann wieder meine finanziellen Ängste befeuerte. Ein großes, altes Herrenhaus von 1742, umgeben von Pferdekoppeln, auf einem kleinen Hof gelegen. Direkt am Wald und der war oft meine Rettung. Meine Tochter hatte in diesem Haus oben eine eigene kleine Wohnung, weil es sich einfach so anbot, und ich war so alleine. Natürlich habe ich versucht, meine Kinder zu schützen. Der Alltag sollte so normal wie möglich sein. Papa war halt einfach mal kurz weg. Meine restliche Familie wollte oder konnte ich, bis auf den einen oder anderen Gefühlsausbruch gegenüber meinem jüngsten Bruder, irgendwie auch nicht so recht damit belasten. Ich wollte niemanden belasten und ehrlich gesagt, wer kann so etwas auch schon verstehen oder fühlen? Niemand, wenn er nicht selbst solch eine Tragödie miterlebt hat, und selbst wenn, dann hat jeder Mensch seine eigene Wahrnehmung eben dieser. Man wird ohnehin gemieden, als hätte man die Pest, weil Menschen mit solchen Krankheiten und mit der Angst vor dem Tod nicht umgehen können. Und schließlich erlaubt man sich nicht, über seine eigenen Gefühle zu sprechen, man ist ja nicht selbst der Kranke. Mein Vater litt zu dem Zeitpunkt selbst schon seit einer Weile an einer Kleinhirnatrophie. Meine Mutter war zwar immer da, wenn ich sie brauchte, aber auch an ihrer Seite fühlte ich mich einsam. Meine Brüder? Einer war weit weg und der andere oft mein Ventil in den Momenten, in denen bei mir alles überlief. Dann musste er meine ganze Ohnmacht, meine Wut und meine Traurigkeit aushalten und das hat er tapfer getan. Vor allem tat er dies, ohne mir schlaue Ratschläge zu geben. Ohne sich auf meine Seite zu schlagen und in mein Horn der Raserei zu blasen. Er blieb so wundervoll neutral und konnte mich dennoch liebevoll auffangen, zumindest meine Raserei ausbremsen. Aber es konnte mir verdammt noch mal keiner helfen.

Die dritte Einsamkeit? Das soziale Umfeld. Mein Mann hat in unserem gemeinsamen Leben eigentlich immer nur gearbeitet. Freunde seinerseits gab es entweder nicht oder sie waren eher Geschäftspartner als Freunde. Vielleicht gespielte Freunde. Da ihnen dieses Spiel zu doof war, sind sie dann auch einfach weggeblieben. Mit meiner besten Freundin konnte ich zwar reden, aber ich fühlte mich auch mit ihr einsam. Das Ding ist wohl eher, dass ich selbst gar nicht in Worte fassen konnte, was ich wirklich gefühlt habe. Und wie sollte sie all das auch fühlen können? Ich war im Ausnahmezustand. Naja, und alle anderen, die es wissen, die machen auch lieber einen großen Bogen um dich oder überschütten dich mit ihren eigenen Ängsten vor dieser Krankheit.

Alle blinden Passagiere zusammen ergaben einen selbstzerstörerischen Cocktail. Von diesem habe ich ziemlich lange getrunken. Teilweise war er sogar mein Hauptnahrungsmittel. So ein wundervoller Kreislauf: Aus der Ohnmacht wächst die Angst, aus der Angst kriecht die Wut, mit der Wut kommen die Schuldgefühle und daraus entsteht die Einsamkeit. Bis das Ganze dann munter wieder von vorne beginnt. Das eine nährt sich von dem anderen und das Rad beginnt sich zu drehen. Auch das beginnt langsam und schleichend, bis es letztendlich ein wahrhaft atemberaubendes Tanztheater wird. Geschmeidig wie Balletttänzer, fließend ineinander gleitend, sich berühren, auseinander driften, um dann mit voller Wucht wieder zusammenzukommen. Sie alle geben sich die Hand und sie lassen sich nicht los. Dich erst recht nicht. Eine tolle Bande. Sie lullen dich ein und gebären in dir ein unfassbar großes Verantwortlichkeitsgefühl. Du musst es richten. Du musst es schaffen. Du musst es aushalten. Eine Ertrinkende unter einer dicken Eisschicht und es gibt nur ein kleines Loch im Eis für deinen Strohhalm, das hält dich am Leben. Schwimmwesten werden großzügig verteilt, aber irgendwie funktionieren diese Dinger nicht. Für mich sah das dann so aus, dass ich die Kapitänsmütze mit allen Pflichten und Verantwortungen bekam. Als Kapitänin habe ich als erste Amtshandlung meine eigenen

Rechte und Bedürfnisse kurzfristig außer Kraft gesetzt. Der Funktionsmodus war angesagt und darin war ich, wie du bereits weißt, immer schon gut. Eigene Gefühle wurden runtergeschluckt, ich durfte sie nicht fühlen, schließlich war ich nicht krank. Abgesehen davon war ich im Runterschlucken geübt.

Da sitzt man also vor den Ärzten, die mit sehr besorgten Blicken versuchen, einigermaßen verständliche Worte zu finden, und plötzlich befindet man sich in einem luftleeren Raum. Die Luft ist nicht nur dünn, du bekommst schlichtweg keine mehr. Die Luft ist weg. Kurzschluss im Kopf. So muss sich das anfühlen, wenn man unter Sauerstoffmangel leidet. Alles arbeitet langsam und kostet so viel Kraft. Ich sehe das noch sehr deutlich vor mir, wie wir dort saßen. Wir dachten, wir wüssten, was auf uns zukommt. Wir hatten vorher schon befürchtet, dass es Krebs sein würde, und wir fühlten uns irgendwie vorbereitet. Wir hatten in den zwei Abenden vorher lange Gespräche geführt und waren uns einig, dass wir das gemeinsam schaffen würden. Was für ein Trugschluss. Wir waren nicht vorbereitet, nicht annähernd. Es war eher wie ein Film, eine Mischung aus Science-Fiction und Horror, und ich hasse beides. Das geht nämlich mit meiner Harmoniesucht überhaupt nicht zusammen. Wo war jetzt der Rosamunde-Pilcher-Film? Wo war das Happy End? Ich

war und bin sicher nicht realitätsfremd, aber ich mag
es gerne schön. Wer will das nicht? Ich suhle mich
nicht in Selbstmitleid, das habe ich noch nie getan. Ich
bin lösungsorientiert und wirklich immer positiv. Ich
nehme den Moment an, wie er ist, und mache etwas
daraus. Es gibt immer einen Weg, das war schon immer meine Devise. Wir lernen durch die vielen Wege,
die wir beschreiten und natürlich sind auch welche
dabei, die wir meinen, nicht zu brauchen. Wege, die
uns niederknüppeln, die uns zweifeln lassen. Wege, bei
denen wir nicht immer gleich das Licht am Ende sehen
können. Wege, auf denen wir uns verlieren. Wege,
die nicht schön sind. Aber wir haben immer die Wahl,
auch, wenn wir es nicht wahrhaben wollen. Wir können
immer und zu jeder Zeit entscheiden, was wir daraus
machen wollen. In diesem Moment habe ich mich entschieden, einen völlig neuen Schalter umzulegen und
mich bedingungslos hintanzustellen. Es war nicht der
Augen-zu-und-durch-Modus, dafür erforderte die Situation viel zu viel ungeteilte Aufmerksamkeit. Es war viel
mehr die bedingungslose Hingabe für einen kranken
Menschen und für unsere Tochter.

Es wurden uns sehr deutlich verschiedene Szenarien
beschrieben. Die Vorgehensweise: schwere Opera-
tionen, langer Heilungsweg, zwar mit Chancen, aber
deutlichen Einschränkungen hinterher. Horrorfilm!

Sechs Wochen Krankenhaus, anschließend acht Wochen Strahlentherapie, täglich bis auf die Wochenenden. Dann schlug der ärztliche Aufklärungswahnsinn zu. Sprechen? Eventuell eingeschränkt. Speichelfluss? Mit hoher Wahrscheinlichkeit weg. Geschmack? Wird wohl nicht wieder kommen. Arbeiten? Bei dem Rest habe ich abgeschaltet, mein Mann war ohnehin schon im Offline-Modus. So ist das halt, wenn sich die Ärzte rechtlich absichern müssen, bevor die Behandlung beginnt. So ein Rechtsstreit kann ja auch teuer werden für die Ärzteschaft, das verstehe ich alles. Was aber war mit uns? Wer war jetzt noch in der Lage, uns ein wenig Sicherheit zu geben? „Sie werden nicht mehr der Gleiche sein." Das Ausmaß dieses Satzes ist dir an dieser Stelle definitiv nicht klar. Weder dem Kranken, noch den Angehörigen und es wird ordentlich Angst gemacht. Die Ängste werden zu einem hübschen Holzbündel geschürt, damit darfst du dann deinen Gedanken-Kamin befeuern. Es soll ja schön lodern, das Feuer. Den Rest macht dein eigenes Gedankenkarussell, was sich munter zu drehen beginnt. Willkommen am Ende der Nahrungskette, du wirst aufgefressen.

Die Angst davor, sterben zu können, war fortan ein ständiger Begleiter meines Mannes. Mir ist das damals gar nicht so bewusst gewesen, ich hatte diese Angst nicht, und wirklich in Worte fassen konnte er das zu diesem Zeitpunkt noch gar nicht. Todesangst. Und selbst wenn er es gekonnt hätte, so hätte ich es wahrscheinlich gar nicht greifen können. Das war so weit weg. Ich glaube, kein Mensch ist wirklich in der Lage, diese Todesangst zu begreifen und nachzufühlen. Du siehst einen vertrauten Menschen in einem Zustand, der so fremd ist. Du bist zwar mittendrin und doch nur irgendwie dabei. Du siehst und kannst es nicht begreifen, dieses Leid nicht anfassen, aber doch spüren. Während der dreizehnstündigen Operation war ich in Gedanken die ganze Zeit dabei. Ich habe ständig Kontakt zu dem Pfleger gehalten und ihn mit meinen Anrufen bombardiert, in der Hoffnung auf die erlösenden Worte: „Alles ist gut, er hat die Operation gut überstanden, Sie können jetzt kommen." Die Zeit scheint fast endlos zu sein, Minuten werden zu Stunden und sie quälen dich einfach nur.

Was mich dann erwartete, das konnte ich mir in meinen grässlichsten Träumen nicht vorstellen. Ich hatte ja auch einen anderen Job. Ich musste Mut machen, Hoffnung schenken und den Laden am Laufen halten. Unsere Tochter war mittendrin in der Oberstufe am Gymnasium und in dem Schulwahnsinn. Wir hatten zu dem Zeitpunkt unser großes Haus, viele Kosten und der Verlust der Selbstständigkeit meines Mannes plus meine eigene berufliche Katastrophe fühlten sich nicht gut an. Die aktuelle Situation ließ mir zum Glück keine Gelegenheit, mir Gedanken über meine Kündigung zu machen. Viel zu groß war die Lawine, die da von allen Seiten auf mich, auf uns, hernieder prasselte. Tatsächlich war meine Freistellung ein Geschenk des Lebens an mich, denn so hatte ich Zeit, mich nur und ausschließlich um meinen kranken Mann zu kümmern und zu Hause für einen einigermaßen „normalen" Ablauf zu sorgen. Freunde und Bekannte haben sich zurückgezogen, ich habe mich zurückgezogen, wir alle haben uns zurückgezogen. Das tägliche, stückweise Sterben konnte beginnen. Angst überall. Berührungsängste auf Seiten der Menschen um mich herum. Keiner möchte sich dieser Auseinandersetzung mit der Krankheit stellen, der großen unberechenbaren Unbekannten. Jeder hat sein eigenes Gepäck auf dem Rücken des Lebens und ist ausreichend damit beschäftigt, es zu tragen. Worte fehlen und von unbekannten Gefühlen will sich dann ein anderer doch lieber nicht überrollen lassen. Viel zu unaussprechlich, viel zu weit weg und letztendlich auch sowieso einfach viel zu viel. Mein damaliger täglicher Spagat fand zwischen dem Schaffen eines einigermaßen „normalen" Ablaufs zu Hause statt und einem todkranken, von Ängsten bedrohten Menschen im Krankenhaus. Morgens Krankenhaus, mittags zu Hause, kochen, essen, zuhören, Schularbeiten.

Nachmittags Krankenhaus, abends zu Hause zuhören, reden, Hausarbeiten, schlafen. Mein Mann war so sehr in dieser Welt der Todesangst gefangen, dass er häufig sehr ungerecht zu mir, vor allem aber gegenüber unserer Tochter war. Für mich waren die gemeinsamen Besuche mit unserer Tochter bei ihm am Bett immer der blanke Horror. Ich wollte sie doch nur schützen vor so viel Angst, Wut und Ohnmacht. Ich habe diese Tage gehasst und oft genug auch ihn, weil ich es einfach nicht verstehen konnte. In diesem Fall auch sicher nicht verstehen wollte. Da kam voll das Muttertier in mir heraus und ich war hin- und hergerissen.

Nach vier Wochen Krankenhaus folgte die ambulante Strahlentherapie. Das ist der Tod auf Raten. Wir sind immer gemeinsam gefahren und ich habe ihn bis in den Bestrahlungsraum gebracht, um dann vor der Tür zu warten. Zurückgekommen ist ein immer weniger werdendes Menschlein. Stell dir vor, du bringst einen Menschen in einen Bunker, denn genauso sah es dort aus. Das UKM in Münster ist schon von außen keine Schönheit, aber von welchem Krankenhaus kann man das auch behaupten? Es ist ein Riesenkomplex, eine Medizinmaschinerie von knapp 1.500 Betten und mehr als 30 Kliniken, Instituten und Zentren und einer der größten Arbeitgeber und Ausbildungsbetriebe in der Region. Dort werden Ärzte und Wissenschaftler ausgebildet. Die Forschung und Entwicklung ist ein wesentlicher Bestandteil in der Zusammenarbeit mit der Medizinischen Fakultät der Universität Münster. „Die Klinik für Strahlentherapie-Radioonkologie ist ein modernes Zentrum der radioonkologischen Patientenversorgung und der Tumorforschung. Hier werden Patienten mit bösartigen und gutartigen Tumoren und verschiedenen funktionellen Beschwerden behandelt. Die Klinik bietet das gesamte Spektrum der strahlentherapeutischen Diagnostik und Therapie an."[5] Es war für uns schon ein Glücksfall, dass die Klinik nicht so weit weg von unserem Zuhause war. Der Weg in die ambulante Strahlentherapie und Radioonkologie führt direkt runter in den Keller. Das allein schon ist psychisch eher eine Belastung, wer geht schon gerne in den Keller? Es geht also erst einmal abwärts. Ein Treppenhaus im schicken grauen Betondesign mit grünem Geländer. Grün, die Farbe der Hoffnung, auf dem Weg in die Hölle. Dicke Stahltüren, die mit einem dumpfen Geräusch so herrlich ins Schloss fallen. Jetzt weißt du endlich, du bist angekommen und die Tür hinter dir ist zu. Im Warteraum siehst du den Tod in verschiedenen Varianten. Kleine Kinder, Mütter, Väter, alte Menschen, und alle von dieser elenden Krankheit gezeichnet, alle weniger werdend.

Einzig das Pflegepersonal wurde zu unserem täglichen

[5]https://www.ukm.de/index.php?id=strahlentherapie_uebersicht

Lichtblick auf dem Weg in die Hölle. Sie alle waren wundervoll und wurden für diese Zeit schnell ein Teil der eigenen Familie, so eng wurde die Beziehung. Alle waren sehr mitfühlend, mit großem Herzen, und zum Abschluss der Behandlung haben wir gemeinsam geweint. Vor Glück, vor Erleichterung und ich einfach aus Dankbarkeit für ihre Begleitung. Sie schienen die einzigen Menschen zu sein, die wussten, was da täglich auf uns wartete, und gaben mir ganz persönlich ein Gefühl der Geborgenheit.

Bereits vierzehn Tage nach Beginn der Strahlentherapie konnte mein Mann kaum noch essen. Wir entschieden uns frühzeitig für eine künstliche Ernährung, um den täglichen Kampf mit der Ernährung für alle zu erleichtern. Diese wollte und konnte ich zu Hause selbst durchführen. Ich habe eine medizinische Vorbildung und mir von der Pflegekraft zeigen lassen, wie die Nahrung zubereitet werden musste und die Pumpe anzuschließen und zu bedienen war. Ich wollte keine Pflegekraft, die ständig in unseren privaten Bereich eindringt. Wie sehr die Pflege meines kranken, zutiefst verstörten, angstbesetzten und zerfressenen Mannes in mich eindrang, das ahnte ich an dieser Stelle noch nicht. Ich war schließlich die Bossin, die Kapitänin und als diese verlässt man als letzte das sinkende Schiff. Ich wollte uns diesen Raum bewahren, um es möglichst normal aussehen zu lassen. So konnten wir dann auch schon einmal scherzen, wenn es für meinen Mann „zu Tisch" ging. Galgenhumor nennt man das, glaube ich. Das hat uns geholfen, locker damit umzugehen. Wir haben dann in dem Vorzimmer zum Schlafzimmer einen möglichst sterilen Bereich eingerichtet. Die Pumpe wurde abends angeschlossen und über Nacht konnte die Ernährung über die Sonde laufen. Über Nacht. So lag ich also in einem Bett, mit einem Mann, der nach Angst und Krankheit roch. Einem Mann, der sich selbst nicht mehr fühlen konnte. Einem Mann, der einmal so stark war und jetzt nur noch ein Schatten seiner selbst, langsam aufgefressen, am Ende der Nahrungskette und die Maschine lief.

Ich hatte mir das so nicht ausgesucht. Das mag sich jetzt sehr selbstsüchtig anhören. Natürlich war ich nicht die Kranke. Ich war gesund, ich hatte keine Todes-angst, ich konnte essen, was ich wollte. Ich hatte keine Schmerzen, zumindest keine körperlichen. Ich war nicht abhängig von der Hilfe anderer. Aber ich fühlte mich hilflos, einsam, alleine gelassen und überfordert. Kon-frontiert und mitten drin in dem Todesangstzustand meines Mannes und meinen eigenen Gedanken und Gefühlen. Ich habe mir nicht erlaubt, meine Gefühle zu zeigen. Ich habe sie erst gar nicht fühlen wollen. Einfach ausschalten oder umschalten, das Programm wechseln, so geht das doch mit der Fernbedienung vom Fernseher sonst auch. In diesem Ding waren aber keine Batterien, die funktionierte nicht. Welt, halte an, ich will aussteigen. Was oben war, war jetzt unten und das Unten war so tief, so bodenlos. Es hat sich angefühlt, als ob ich in einer Raumkapsel sitze. In mir drin lief alles hochkonzentriert und das Außen flog im Zeitraffer an mir vorbei. Das, was vorher mein Leben bestimmt hat, war jetzt nicht mehr so wichtig. Die Prioritätenliste begann sich zu verschieben. Es gab jetzt keinen ständigen Kampf mehr zwischen Dringlichkeit und Priorität. Die Sache war klar. Es gab nur noch eins: die Krankheit und den Kranken. Darin fühlte ich mich so oft zerrissen. Ich wollte uns so etwas wie Normalität bewahren. Ich wollte mich nicht von diesem Monster überwältigen lassen. Dennoch kam es näher, gewaltig und ohne Rücksicht auf Verluste. Es hat sich in meinen Gedanken eingenistet, meinen Gefühlen und allem Tun. Immer präsent, immer fordernd, immer hungrig nach Aufmerksamkeit.

Solange mein Mann im Krankenhaus war, war es mir möglich, zu Hause einen krebsfreien Raum zu schaffen. Dort gab es diese Todesangst nicht, die sich lähmend über alles legt. Es gab diesen Geruch nach Krankheit und Tod nicht, noch nicht. Meine zweimal täglichen Besuche bei meinem Mann im Krankenhaus hatten zwar schon begonnen, mich innerlich aufzufressen, aber ich konnte ja wieder fort. Ich war Besucherin an einem anderen Ort, und mein Zuhause war mein Rückzugsort. Wie oft bin ich völlig fertig und vor allem voll Wut nach Hause gefahren, weil ich einfach nicht verstehen konnte. Einen todkranken Menschen nicht verstehen konnte. Er war bösartig, ungerecht, undankbar und auf Zerstörungskurs. Vor allem aber habe ich mich in dieser Zeit einfach selbst nicht verstanden. Ich habe gar nicht stattgefunden und mir eigene Gefühle nicht erlaubt. Nach der Entlassung aus dem Krankenhaus war dann auch meine häusliche krebsfreie Zone weg. Krebs und der Geruch nach Todesangst überall, in jeder Ritze, in jedem Zimmer, zu jeder Zeit.

In meiner Rolle als Superwoman war ich nicht nur davon überzeugt, dass ich alles meistern muss, sondern bin einmal mehr in einen unglaublichen Funktionsmodus getaucht. Ich bin da, ich bin mutig, ich bin dein Retter in der Not. Ich war so sehr in dem wahnsinnigen Gedanken gefangen, alles schaffen zu müssen, dass ich mich selbst nicht mehr sehen konnte. Ich habe mich selbst komplett ausgeblendet, es ging einzig und allein um diesen kranken Menschen und darum, seine Bedürfnisse zu befriedigen. Als Kapitänin hatte ich vergessen, meine Rechte auf eigene Bedürfnisse wiederherzustellen. Den Dimmschalter erneut in der Hand, habe ich mir langsam aber sicher das Licht genommen. Den Krebs haben wir gemeinsam besiegen können, mich aber habe ich in dieser Zeit innerlich getötet.

Wenn wir in Angst und Stress gefangen sind, in Krankheit, Depression, Verzweiflung oder Burn-out, dann sehen wir häufig nicht darüber hinaus. Im ungünstigsten Fall sind wir auch noch von Menschen umgeben, die uns eher in diesen Gefühlen bestärken, als uns unsere Möglichkeiten aufzuzeigen. Mein Mann konnte sich selbst nicht sehen und erst recht nicht darüber hinaus. Er blieb in seinen Ängsten gefangen, und ich hatte nicht mehr die Kraft, für uns beide zu schauen. All meine Liebe, unsere Gespräche, meine Zuversicht, mein Vertrauen, mein Mut, meine Kraft, meine unbändige Lebensfreude schienen nicht bei ihm angekommen zu sein. Du kannst Menschen nicht über die Ziellinie tragen, wenn sie nicht bereit sind loszulassen. Dann kannst du dich entscheiden, ob du mit untergehen willst oder ob du deinen Weg alleine weitergehst.

Diese Erkenntnis traf mich mit voller Wucht, nachdem klar war, dass er seine Krankheit besiegt hatte, aber auch weiterhin nicht in der Lage war, das was war, anzunehmen und loszulassen. Obwohl ich in unserer Ehe schon vor der Diagnose Krebs ertrank, war ich abermals bereit, neu anzufangen. Vielleicht war es aber auch nur ein weiterer Versuch, an meiner Idee von

einer Ehe festzuhalten. Es reicht nur nicht, wenn es nur
einer ist und der andere in sich und seinem Dilemma
stecken bleibt und auf ersterem rumtrampelt. In mir
blieb es dunkel und es wurde gespenstisch still. Einen
kranken Menschen verlässt man nicht, das wurde zu
meinem Drama.

Beziehungen kommen und gehen. Wir
dürfen uns ihnen hingeben, aber können
sie nicht festhalten, denn dann zerstören
wir sie und verlieren uns. Warte nicht,
bis ein anderer eine Entscheidung getroffen hat, sondern triff deine eigene
in Liebe zu dir.

Einen kranken Menschen verlässt man nicht

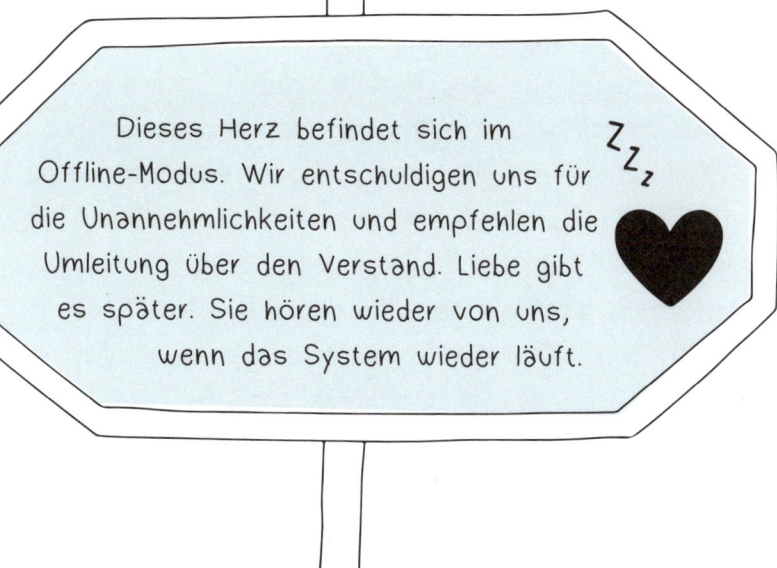

Dieses Herz befindet sich im Offline-Modus. Wir entschuldigen uns für die Unannehmlichkeiten und empfehlen die Umleitung über den Verstand. Liebe gibt es später. Sie hören wieder von uns, wenn das System wieder läuft.

Eine Trennung hat nicht nur einen faden Beige-schmack, sondern leidet generell unter ihrem schlech-ten Ruf. Wir empfinden darin unser eigenes Versagen, öffnen uns für die Schulddämonen, applaudieren unserem Minderwert oder übergießen uns mit Selbstmitleid. Wir haben uns daran gewöhnt, dass Liebe Schmerz bedeutet. Wir verwechseln das Bleiben und eine hohe Kompromissbereitschaft mit Liebesfähigkeit und verkennen gänzlich, dass es nur ein Ausdruck unserer enormen Leidensfähigkeit ist. Die gesellschaftliche Moral verteilt großzügig sehr unbeliebte Rollen. Auf der einen Seite steht das arme, bemitleidenswerte, verlassene Opfer, auf der anderen Seite der Täter, der ohne Skrupel nur an sich selbst denkt und, augenscheinlich nicht zu Liebe fähig, das eigene Wohl ohne Rücksicht auf Verluste über das aller anderen stellt.

Als Täterin darfst du nicht trauern, denn du hast die Beziehung beendet. Du bist gegangen, du hast jemanden zurückgelassen. Du bist schlecht. Du stellst das Wohl der Familie unter dein eigenes, du bist eine Zerstörerin. In deiner unermesslichen Selbstsucht bist du bereit, alle anderen untergehen zu lassen. Hast du einen kranken Partner an deiner Seite, spricht man dir das Beenden einer Beziehung, sei es eine Freundschaft, eine Partnerschaft oder eine Ehe, gänzlich ab. Dabei stehst du selbst an vorderster Front derer, die über dich urteilen. Einen kranken Menschen verlässt man nicht. Das gehört sich nicht. Dass du dich die ganze Zeit bereits erfolgreich selbst vernichtet hast, weil du diese Beziehung (ganz gleich, ob es eine freundschaftliche, partnerschaftliche oder eine eheliche Beziehung ist) gegen deine Wahrheit aufrechterhalten hast, siehst nicht einmal du selbst, und alle anderen können oder wollen es ebenfalls nicht sehen. Ganz ehrlich, das müssen sie auch gar nicht.

Das ist nur ein weiterer, verzweifelter Versuch der Befreiung von Schuld, die wir durch die Anerkennung unseres Umfeldes erfahren wollen. Es lebe die scheinheilige Moral. Mit ihrer Hilfe scheint jeder sein Urteil fällen zu dürfen. Genauso wie es Tausende Trainer im Publikum eines Fußballspiels gibt, die ihre vernichtenden Urteile über den Trainer auf dem Platz lauthals herausschreien, tut dies auch dein Umfeld. Wirklich hinschauen will keiner. Kann auch keiner, denn sie allesamt erhaschen immer nur kleine Momentaufnahmen deines Lebens. Im Gegensatz zu den vielen selbsternannten Trainern im Fußballstadion schreit dein Umfeld seine grausige, urteilende und vernichtende Botschaft nicht laut raus. Nicht in dein Gesicht. Sie erheben sich hinter vorgehaltener Hand, hinter deinem Rücken zu einem Haufen Paar- oder Psychotherapeuten. Menschen lieben das Drama. Wir können uns so herrlich daran ergötzen, und ein fremdes Drama hilft obendrein, das eigene zu verdrängen. Über das eigene Drama sprechen wir nicht so gerne. Es tut zu weh, der eigenen

Wahrheit ins Gesicht zu schauen. Neben all den fleißigen Energiesaugern, die dich umgeben, bist du selbst dein größter Feind in diesem Spiel und saugst eifrig deine Lebenszeit auf. Einmal mehr nicht in der Lage, deine Stimme für dich selbst zu erheben, lässt du die Moralvorstellungen deinen Selbstwert auffressen.

Wie oft hatte ich mich, während ich auf die wundersame Heilung meiner Ehe wartete, in eine meiner Rollen gefügt. Bin der Beziehung zuliebe, besser gesagt der Idee von einer Beziehung, aus mir selbst heraus geschlüpft und habe an meiner Oscar-verdächtigen Schauspielkarriere in der Serie „Die zauberhafte, glückliche, dienende Ehefrau und Mutter" gefeilt. Habe auf die unglaubliche Veränderung meines Mannes gehofft. Doch dieses Wunder geschah nicht. Vielmehr erkannte ich, dass es uns beiden wohl eher an Selbstliebe mangelte.

Liebst du dich selbst? Wie wahrscheinlich die meisten Menschen hätte auch ich auf diese Frage vor einigen Jahren noch geantwortet: „Ja, eigentlich irgendwie schon." Zwei Wörter fallen dabei ins Auge: "eigentlich" und "irgendwie". Tatsächlich ist die Nutzung des Wortes "eigentlich" häufig begleitet von einer Reihe Konjunktive wie: hätte, wäre, könnte, würde … Und "irgendwie" schließt eine exakte Definition sowieso aus. Irgendwie ist eben irgendwie. Nix Konkretes, nichts

Greifbares. Und ebenso schwammig ist dann auch die
eigene Wahrnehmung und alles miteinander weit weg
von einem stabilen Selbstwert. Es gibt durchaus diejenigen, die sich frei von Makeln halten, doch diese
Wesen sind wohl eher rar gesät. Normal, weil gefühlt
in der Überzahl, scheinen die Menschen zu sein, die
sich selbst gegenüber eine Strenge an den Tag legen, die abwertend, selbstvernichtend und selbstzer-
störerisch ist.

Spielwiesen für dieses Spiel gibt es reichlich. Sei es
der eigene Körper oder Körperteile, die wir nicht mögen, derer wir uns schämen, oder die berufliche Stellung, der soziale Status und was auch immer uns einfällt, weswegen wir uns nicht vollständig, wundervoll,
begehrens- oder liebenswert fühlen. Wir werden es finden. Wir machen uns klein und schlecht und ergötzen
uns am Drama anderer. Alle um uns herum gerne auch.
Wir sind so sehr befangen von Urteil und Bewertung,
weil es so normal scheint. Weil wir von klein an ständig
bewertet, be- und verurteilt werden, dass wir diese
Haltung häufig unbemerkt und ungefragt übernehmen.
Wir wollen die ganze Geschichte dahinter nicht wissen,
abgesehen davon, dass selbst dann eine Beurteilung
kaum möglich wäre, weil wir nicht in den Schuhen
der anderen stecken. Wir wollen es nicht, denn dann
müssten wir auch bereit sein, uns unsere eigene Ge-

schichte ungeschönt anzuschauen. Lieber einen kleinen Filter draufsetzen, das kennen wir schon von den vielen verschiedenen sozialen Plattformen, allen voran Instagram und Facebook. Wir glauben lieber an den schönen Schein, bietet er uns doch die Möglichkeit, weiter nach Höherem zu streben und nie zufrieden zu sein oder aber uns in endlosen Vergleichen so richtig niederzumachen. Wir und mit uns die meisten Organisationen und Systeme scheinen lieber gegen etwas zu sein, statt für etwas einzustehen. Die Veganer hetzen gegen die Fleischfresser, die Fleischfresser gegen die Veganer, die Friedenskämpfer gegen den Krieg statt für den Frieden. Die Kirchen gegen den Teufel, die Politik gegen sich selbst, die Rechten gegen die Linken, die Mitte gegen Rechts und Links, die Armen gegen die Reichen, die Reichen gegen die Steuern, die Moral gegen die Gesellschaft und das Leben so, wie wir es leben, verliert die Menschlichkeit. Wie sollten wir da wissen, wie wir für uns selbst einstehen?

Sehr konsequent bescheinigen wir jeder ein Übermaß an Selbstsucht, wenn sie für ihr eigenes Wohlsein einsteht und sich trennt. Einzig Gewalt in einer Beziehung scheint eine ausreichende Begründung für eine Trennung zu sein und auch das nicht immer. Wer hat uns in den Schädel gehämmert, dass es nicht in Ordnung ist, an sich selbst zu denken? Dass es besonders ehrenhaft ist, sich selbst zu vergessen? Und wie kann es sein, dass es uns okay erscheint, wenn wir uns selbst bei der Rücksichtnahme ausnehmen? Es ist nobel, bedingungslos zu lieben. Irrwitzigerweise erschließt sich uns die wahrhaftige Liebe gar nicht. So verwechseln wir bedingungslose Liebe mit Aufopferung. Wir geben uns voll Selbstverrat mit viel zu wenig zufrieden. Kleine Selbstverständlichkeiten feiern wir, als wären es die wundervollsten Liebesbeweise. Hin und wieder kleine Berührungen und Zärtlichkeiten reichen aus, die Einsamkeit für einen Augenblick zu vergessen. Vielleicht übertreiben wir ja nur und es ist doch eigentlich alles gut. Begleitet wird das alles von der Angst vor Verlust. Angst vor dem Alleinsein. Verlust eines Menschen, von sozialem Status, Besitz und Ansehen. Was jedoch könnten das für Menschen sein, die du auf dem Weg zu dir selbst verlieren könntest? Sind es nicht genau die, die dich bis hierhin begleitet haben und nur eines von dir wollen, nämlich hundertprozentige Anpassung? Menschen, die dir den Raum geben, dich zu entwickeln, die sich mit dir freuen, die es feiern, wenn du endlich „groß" wirst, die werden bleiben, und genau diese Art Menschen werden auch neu in dein Leben eintreten.

Alles, was dafür bestimmt ist, den Weg mit dir zu teilen, wird zu dir kommen. Alles andere geht andere Wege. Auf seine Art. Lehn dich zurück, freue dich auf alles, was in dein Leben kommt, und genieße.

Du kannst über die Liebe reden. Du kannst über die Liebe schreiben, sie studieren, lesen und sie suchen. Doch alle Worte über die Liebe beschreiben nicht ihre Wahrhaftigkeit, ihre Tiefe und ihr Sein. Die Liebe ist in uns. Durch viele Konditionierungen, Erfahrungen, Erzählungen und Verletzungen haben wir verlernt, sie da zu fühlen, wo sie ist. In uns. Wir unternehmen große Anstrengungen und schauen im Außen nach der uns erfüllenden Liebe. Wir haben den Mut verloren, in uns selbst zu fühlen, was ist. Wir glauben, wir seien nicht vollständig, wenn es niemanden gibt, den wir lieben könnten und der uns seine Liebe schenkt. Wir fühlen diese Unvollständigkeit, weil wir uns nicht trauen, uns selbst diese Liebe zu schenken, die wir in uns tragen. So groß ist die Angst davor, wieder enttäuscht zu werden. So groß ist der Mangel in uns, dass wir glauben, wir seien es nicht wert. Dass wir verloren haben, was uns heilt: Die Liebe in uns.

Wir schauen in den Spiegel und sehen einen Menschen, von dem uns andere und wir selbst erzählt haben, der seien wir. Wir hören ihre Geschichten über uns und vermischen diese mit den eigenen Gedanken. Daraus machen wir unsere Identität und geben uns Form. Was wir dabei verlieren, ist der Blick auf das, was ist. Wir selbst als reine Liebe. Wir glauben nicht. Wir trauen uns nicht. Weil wir denken, nur etwas ganz Außergewöhnliches sei imstande, wahrhaftige Liebe zu empfangen und zu geben. Die eigene Außergewöhnlichkeit können wir nicht sehen, weil etwas in uns beginnt, uns selbst zu sabotieren, auch in Augenblicken tiefsten Glücks. Ich war schlecht. Das hat der andere nicht verdient. Ich habe Fehler gemacht. Ich bin nicht gut genug. Wir hören die Menschen reden, glauben ihre Geschichten über uns und das, von dem wir dort hören, das seien wir. Wir hören uns selbst reden und glauben, das sind wir. Diese über uns erfundene Geschichte glauben wir zu fühlen und sind nicht in der Lage, wahrhaftig zu fühlen, was wir sind. So weit lassen wir uns wegtragen, dass wir alles, was wir glauben zu sein, läge im Außen, nicht in uns. Wir fühlen Schuld, Last, Sorge, Furcht, Unvollständigkeit oder fühlen uns als Opfer, weil wir uns mit unserer Vergangenheit identifizieren und diese immer wieder in die Gegenwart holen. Was bleibt, ist das, was wir glauben gewesen zu sein.

Die vielen falschen Moralvorstellungen sorgen dafür, dass es eine Menge Freundschaften, Beziehungen und Ehen mit Ablaufdatum gibt. Weil wir uns nicht trauen zu gehen und es nie den richtigen Zeitpunkt für eine Trennung zu geben scheint, bleiben und verharren wir. Im stillen Kämmerlein überlegen wir uns einen guten Zeitpunkt für die Trennung. Wenn die Kinder groß sind, wenn der Jobwechsel vollzogen ist, wenn der Partner wieder genesen ist, wenn … Währenddessen arbeitet die Ich-bin-nicht-gut-genug-Frau hartnäckig weiter daran, uns zu manipulieren und mit ihren Vorwürfen und Niederträchtigkeiten zu bewerfen. Das Ablaufdatum wird immer wieder nach hinten verschoben. Irgendwann kommt der richtige Zeitpunkt und irgendwie werden wir es schaffen. Auf ein paar Monate oder Jahre mehr kommt es ohnehin nicht mehr an. Wir haben schon so viel ausgehalten, dass wir das auch noch schaffen. Glaube mir, jeder Tag, an dem du weiterhin der Hoffnung auf bessere Zeiten folgst, ist ein weiterer Tag, an dem du es zulässt, nicht glücklich zu sein. Ein weiterer Tag, an dem du dein Leben eine große Lüge sein lässt.

Ja, eine Trennung wird weh tun. Du wirst traurig sein. Du wirst dich einsam fühlen. Du wirst wütend sein. Aber bist du das nicht jetzt alles auch? Und verbessert sich diese Situation oder wird sie immer nur schlimmer? Du kannst weiterhin das Ablaufdatum verschieben, deine Angst vor einer ungewissen Zukunft wird weiterwachsen. Ungewiss ist die Zukunft sowieso, solange du nicht bereit bist, eine Entscheidung für dich zu treffen. All die vielen anderen Ängste und Zweifel, die dich schon die ganze Zeit begleiten, sind normal. Wir reden über eine Trennung von einem Menschen, dem wir uns verbunden fühlen. Mit dem wir gemeinsame Erlebnisse geschaffen, Lebenszeit verbracht haben. Was erwartest du also? Frage dich nicht länger, was dich nach der Trennung erwartet. Glaube mir, all die Schreckensszenarien, die du dir ausmalst, kommen sowieso anders als gemalt. Frage dich lieber, wie hoch der Preis dafür ist, wenn du bleibst, und ob du diesen wirklich zu zahlen bereit bist. Wir sollten jedoch für eine Veränderung jetzt vor allem damit beginnen, unsere negativen Glaubenssätze gegen positive auszutauschen.

Ich verdiene Wertschätzung und Respekt.
Ich bin eine wundervolle Frau.
Jede Entscheidung, die ich treffe, ist die richtige für mich.
Ich traue mich jetzt raus aus meinem Versteck und gehe neugierig und mit einem Herzen voll Liebe ins Leben.
Ich erlaube anderen zu sein, wie sie sind, und ich bin frei, ich zu sein.
Ich erkenne meine Kraft und erlaube mir, stark zu sein.
Ich heiße die Liebe in meinem Leben willkommen.
Ich bin ganz und gar liebenswert.
Ich höre auf die Stimme meines Herzens und folge meiner Intuition. Ich bin in Sicherheit.
Mein Selbstwertgefühl ist groß. Ich ehre und achte die Frau, die ich bin.
Ich akzeptiere meine Kraft.
Es ist in Ordnung, für mich alleine zu leben.
Ich liebe es, eine Frau zu sein.
Ich erlaube mir, groß zu träumen und meinen Herzenswünschen zu folgen. Es ist immer für mich gesorgt. Das Leben ist für mich.
Die Intelligenz meines Herzens ist immer bei mir. Sie ist konstant. Ich kann ihr vertrauen.

*Ich erlaube mir, dass ich mich in mir und mit mir gut
fühle. Jeden Morgen erinnere ich mich daran, dass ich
die Wahl habe. Ich starte mit Freude in den Tag.
Ich fühle mich heil und vollständig.
Die Männer in meinem Leben behandeln Frauen mit
Wertschätzung und Güte.
Ich bin offen für alles Gute, was das Leben mir schen-
ken will, und nehme es dankbar an.*

Es ist Zeit, dass wir unsere Schmerzvermeidungstaktik
beenden und mutig dem Schmerz begegnen, in dem
Vertrauen, dass uns nichts geschehen kann, dass wir
gut sind, wie wir sind. Den Schmerz nicht als Feind
sehen, sondern als Lehrer, denn das vermag er zu sein,
wenn wir ihn lassen.

Schmerz, ich habe keine Angst mehr vor dir. Dieses
Mal lege ich mich ganz bewusst in dich hinein. Ich lasse
mich nicht mehr von dir überrollen. Ich schaue dir ins
Antlitz. Ich muss nicht mehr flüchten. Ich muss dich
nicht mehr angreifen. Mich nicht mehr anpassen, verbiegen und unter deiner Last brechen. Ich nehme dieses, dein Gefühl auf und beobachte mich dabei. Eine

Art Rollentausch, wenn du so willst. Du kannst mich nicht mehr verletzten. Ich bin verletzt. Ich lasse dich mich fühlen und ich fühle dich. Ich laufe nicht mehr weg. Ich weiß, dass du da bist. Ich will dich kennenlernen. Ich bin nicht schwach, weil ich dich fühle. Ich bin nicht stark, weil ich dich verdränge. Ich fühle, weil ich bin. Und ich bin so gerne. Beinahe habe ich das vergessen. Mich ertränkt. Meine Gefühle erstickt. Dich, Schmerz, verdrängt. Ich habe keine Angst mehr vor dir. Kannst du mich fühlen? Meine Wunden. Die Narben. Meine Liebe. Meine Herzenswärme. Meine Lebenslust. Ich fühle dich, Schmerz. Deine Trauer. Dein Leid. Deine Angst. Und ich wiege dich in meinen Tränen. Ich nehme dich an, damit ich dich loslassen kann. Ich habe keine Angst mehr vor dir. Und wenn wir wirklich still sind, dann können wir uns selbst verstehen und fühlen lernen. Endlich wieder fühlen.

Wut im Bauch

Wut und Selbstliebe scheinen einander auszuschlie-
ßen. Wie aber soll ich mich selbst erkennen, mich
selbst lieben lernen, wenn ich mir es nie erlaubt habe,
mich gänzlich zu fühlen? Auch wenn ich bereit war,
mich dem Schmerz zu stellen, rebellierte der Teil in
mir, der große Angst davor hatte, wahrhaftig zu fühlen.
Mich selbst zu fühlen.

Es ist nicht dieser eine Schmerz, der sichtbar wird,
wenn du bereit bist, deine Mauer abzubauen. Die
Mauer, die du erfolgreich aufgebaut hast. Die Mauer,
die dich und dein Herz schützen sollte. Diese Mauer,
die mit der Geburtsstunde der Mauerfrau in dir nach all
den vielen Verletzungen Stein für Stein um dein Herz
aufgebaut wurde. Die Mauerfrau, die es wie kaum eine
andere versteht, den Mörtel anzurühren, der die großen Steinquader um das Herz zusammenhält. Sie rührt
ihn aus der Verzweiflung, dem Schmerz, der Ohnmacht,
der Wut, der Angst, dem Minderwert, der Trauer, der

Einsamkeit, dem Selbstzweifel und dem Selbstmitleid. Alle zusammen sind aus den vielen, unzähligen Verletzungen entstanden, die wir im Laufe unseres Lebens sammeln und wegschließen, als wären sie ein großer Schatz, den es zu verstecken gilt. Wir sind dabei sehr sorgfältig, wir wollen auf Nummer sicher gehen und keine bösen Überraschungen mehr erleben. Nichts und niemand soll uns je wieder verletzen können. Auch nicht wir selbst.

Und so ist es nicht dieser eine Schmerz, der das Fass zum Überlaufen bringt. Es ist dieses eine von unzähligen Malen, welches dich gänzlich niederstreckt. Und plötzlich stehst du da und kannst nicht mehr. Es sind nicht einmal mehr genug Tränen da, um sie zu vergießen. Leer. Leer geweint und leer gewütet. Dein ganzes schönes Haus aus selbst gebastelten Erwartungen und Enttäuschungen scheint in sich zusammenzufallen. „Ich halte es nicht mehr aus", brüllt es von innen, aber es bleibt ein stummer Schrei. Er findet den Weg nicht raus, weil du es ihm schon viel zu oft verboten hast. Wie verhext drehen sich deine Gedanken in deinem Kopf, sie scheinen keinen Anfang und auch kein Ende zu finden. Negative Bilder und negative Worte quälen sich durch deinen Verstand und irren ziellos im Kreis umher. Du willst das nicht mehr. Du willst, dass es dir endlich wieder gut geht. Dass dieser Schmerz endlich aufhört und du wieder glücklich bist. Doch das Einzige, was wächst, ist der Widerstand, und du beginnst, dich für diesen Zustand zu prügeln.

Die Menschen um dich herum bewundern vielleicht noch immer deine äußere Stärke, während du innerlich längst gebrochen hinter der Mauer sitzt. Den Scherbenhaufen, den dein Herz darstellt, mit leeren, staubigen Tränen beweinst. Wir scheinen nach außen oft immun gegen die Angriffe anderer zu sein, in Wahrheit sind wir längst von unserer Quelle getrennt. Wir haben uns abgeschnitten, damit wir diese unerträglichen Schmerzen nicht mehr fühlen müssen. Und während wir uns damit beschäftigen, den Schmerz, den wir als Wut empfinden, entweder rauszulassen – ganz vorsichtig versteht sich, am besten leise und hinter gut geschützten Wänden – oder den wütenden Schmerz weiter zu unterdrücken, erlauben wir uns nicht, beides anzuschauen und wahrhaftig zu fühlen. Wut fühlen ist unerhört. Wütend sein ist unangemessen. Als wohlerzogene, brave, kultivierte Frau schickt es sich nicht, Wut zu formulieren, ihr Raum zu geben und sie ankommen zu lassen. Wir verwechseln Wut mit Aggression. Aggression ist dem männlichen Aspekt zugeordnet und lässt uns zurückschrecken. Vor uns selbst erschrecken. Es ist uns meistens nicht bewusst, dass die Wut den Heilungsprozess fördern kann, wenn wir uns trauen, sie anzuschauen und über sie hinauszugehen. Wut ist ein Gefühl, ausgelöst durch unsere Gedanken, und löst wiederum weitere Gedanken aus. Wie stehe ich da? Was denken andere von mir? Wir sind eher geneigt, all den in uns brennenden Worten und Gefühlen Einhalt zu gebieten. Leider funktioniert das nicht. Sie kommen mit doppelter Wucht zu uns zurück und stützen einmal mehr unsere Glaubenssätze und Gedankenmuster und halten uns in unserem Kopfkäfig gefangen. Gefühle lassen sich nicht einsperren. Nicht dauerhaft und vor allem nicht ohne Folgen.

Wut hält klein. Sie macht ohnmächtig und machtlos, unterdrückst du sie, bleibt sie eine Feindin und schleicht sich wie der Wolf im Schafspelz in dein Handeln. Sie bestimmt dich, dein Denken und dein Fühlen. Nicht angeschaute Wut bildet kleine Wutbälle in deinem Bauch, die sich wie auf einer Bowlingbahn immer wieder in Reih und Glied aufstellen, sich miteinander vernetzen und darauf warten, dass die nächste Kugel rollt, die sie kurzfristig auseinander sprengt. Wie auf der Bowlingbahn kannst du sie zwar einen nach dem anderen abräumen, aber die Dinger stellen sich immer wieder neu auf, formieren sich, verbinden sich erneut und das Spiel beginnt von vorne. Wut ist auf das Bild ausgerichtet, das wir von uns selbst, von anderen oder von Situationen und Ereignissen haben, und sie entspringt der Enttäuschung durch diese Bilder. Wut kleidet sich gerne in Erwartungen. Die Erwartungen, die du selbst an dich oder etwas hast, die Erwartungen, die andere an dich stellen. Weil wir es auch so sehr gewohnt sind, uns an das anzupassen, was von uns erwartet wird – egal, ob diese Erwartungen aus uns selbst entspringen oder von anderen an uns herangetragen werden –, fällt uns der Umgang damit so schwer. Werden unsere Erwartungen nicht erfüllt, sind wir bereit, uns selbst, aber auch andere Menschen zu demütigen. Erwartungen lassen uns traurig, wütend oder hoffnungslos sein. Sie füttern unseren Minderwert, wie ein Vogel sein Junges füttert. Das Futter wird direkt in den Schlund gestopft und für Nachschub ist immer ausreichend gesorgt. Mit den Erwartungen verhält es sich ebenso, mit dem kleinen, feinen Unterschied, dass wir uns dieses Futter selbst in den Hals stopfen. Wir scheinen es ja nicht einmal wert zu sein, dass wir bekommen, wonach wir uns so sehr sehnen – Liebe.

Denn nur darum geht es. Ich will geliebt werden – du willst geliebt werden. Und dafür sind wir ernsthaft bereit, uns selbst ständig zu verraten und zu verbiegen. Dein Herzchen wird zu einem Kummerkasten und es flattern täglich neue Botschaften über dein eigenes Unvermögen herein.

> Erwartungen sind ausgedachte Wunschvorstellungen. Sie sind Illusionen, die wir uns machen oder die jemand anderes auf uns projiziert und wir setzen sie dann um.

Wir sind in unseren Gedanken darüber, wie etwas sein sollte, gefangen. Ein Gedanke jedoch, der aus deinem logischen Verstand kommt, kann dich niemals erfüllen, weil das nicht sein Zweck und sein Ziel ist. Wir suchen in ihm Erlösung und Erfüllung und merken gar nicht, wie sehr wir uns in ihm selbst gefangen halten.

Wir machen alle zu besonderen Beziehungen, weil wir sie durch unseren eigenen Filter aus Erwartungen, Bewertungen und Urteilen betrachten und führen. In unserem Filter stecken wir fest und so kann sich eine Beziehung nicht entwickeln. Sie bleibt das, was wir in der Lage sind, in ihr zu sehen. Eine besondere Beziehung pflegen wir so zu allem, mit dem wir uns umgeben. Zu Menschen ebenso wie zu Dingen. Besondere Beziehungen sind von Besitzdenken geprägt, wir erkennen sie nur in den meisten Fällen nicht als solche. Wenn wir uns etwas kaufen, dann ist damit häufig die

Erwartung verbunden, es möge uns glücklich machen und Freude schenken. So lernen wir Freude meistens nur als kurzfristigen Zustand kennen, denn der Zauber verfliegt schnell. Gleiches übertragen wir ebenso häufig auf unsere Partnerschaften und generell auf alle Beziehungen, die wir mit Menschen pflegen. Wir wählen einen Partner aus, weil er uns glücklich und vollständig machen soll. Wie aber sollte uns etwas, das außerhalb von uns ist, dauerhaft glücklich machen können oder gar vollständig? Wie sollte auch nur irgendetwas in der Lage sein, unser großes schwarzes Loch, unseren Mangel an Selbstliebe auszufüllen? Welch immensen Druck bauen wir da auf und übertragen diesen dann auf die Beziehung, die wir glauben zu pflegen, letztendlich aber in ihrem zarten ersten Aufblühen mit unseren Erwartungen ersticken? Wie oft benutzen wir Worte, die nur leere Seifenblasen sind? Sie glänzen schön, haben für uns selbst jedoch keinen relevanten Inhalt. Deswegen platzen auch so viele Träume, weil es gar nicht unsere sind. Wir haben sie übernommen:

- weil sie unserem sozialen Stand entsprechen,
- weil sie eine Familientradition sind,
- weil sie unserem Alter entsprechen,
- weil wir damit ganz einfach an uns gestellte Erwartungen erfüllen könnten.

Wir leben schlicht und ergreifend die Vorstellung anderer über ein perfektes Leben, so, wie es sich eben gehört. Wir übernehmen brav fremde Glaubenssätze für unser eigenes Leben. Ein echtes Glücksgefühl wird dabei von so vielen Faktoren abhängig gemacht, dass es sich gar nicht einstellen kann.

Wut, die sich gegen einen Menschen richtet, also auch gegen mich selbst. Ist das nicht die Wut, die ich gegen das Bild, das ich habe, richte? Also das, was ich einmal geglaubt habe in dem anderen, oder mir selbst, sehen zu können? Dann platzt diese Blase und ich bin wütend darüber, dass diese Blase geplatzt ist? Wenn das so ist, dann kann es vielleicht sein, dass du diese Wut empfindest, weil es eben nicht dem Bild ent-spricht, welches du dir gemacht hattest. Es tut immer weh, wenn wir uns von einem Bild, von einer Idee lösen müssen. Wenn wir etwas loslassen müssen. Deswegen ist Wut wichtig, wenn sie dahin führt, dass du dir er-laubst, sie wahrhaftig zu fühlen, und dann diesen einen Schritt darüber hinausgehst. Nicht in dieser Wut ste-cken bleibst, sondern darüber, über diesen Punkt hin-ausgehst. All diese Gefühle sind ja da und du darfst sie fühlen. Lass sie dir nicht verbieten. Nicht von deinem Umfeld, das nicht damit umgehen kann oder will. Nicht von dir selbst, weil du irgendeiner Lüge auf den Leim gegangen bist, was du angeblich fühlen darfst und was nicht. Genug mit dem schlechten Gewissen. Kein Gefühl macht dich zu einem schlechten Menschen!

Herzlich willkommen im Wutbällebad. Es wird dir helfen, wenn du erstmal so ein richtiges Bad nimmst. Die Badewanne voller wütender Gefühle einlässt, dich darin drehst und wendest, darin schwimmst, untertauchst, Luft anhältst, deinen Herzschlag spürst und dann aus dieser Wanne aussteigst. Aber dann nicht einfach abtrocknen und fertig, sondern wirklich schauen. Was schwimmt jetzt da in dieser Badewanne? Was sind das alles für Bilder, denen ich vertraut habe, die für mich wichtig waren, an die ich geglaubt habe? Die Bilder, die in meine Geschichte gepasst haben, die ich mir zurechtgelegt habe? Was von diesem wütenden Gefühlsbrei, welcher da in der Badewanne schwimmt, bin ich jetzt? Bin ich überhaupt ein Teil davon? Also geh wirklich diesen einen Schritt darüber hinaus und schau es dir an. Das Aussteigen aus diesem Wutbällebad ist wichtig, denn du kannst etwas nicht anschauen, wenn du mittendrin steckst. Dann ist dein Blick nicht frei. Dann bist du von deinen Bewertungen und Urteilen beeinflusst und das kann dann genau diese Situation, in der du dich befindest, eher noch verstärken. Die Voraussetzung für das Aussteigen aus dem Wutbällebad ist, dir zu erlauben, deine ganze Wut zu fühlen. Bewusst zu fühlen. Nicht als Opfer der nicht eingetretenen Wunschvorstellung, um im Schmerz zu ertrinken und stumm weiter zu leiden. Sondern vielmehr, um als Zuschauerin auf die Situation zu blicken und sich selbst, losgelöst von all den Illusionen, die wir uns selbst gemacht haben oder die jemand anderes auf uns projiziert hat, zu erkennen.

Die Ursache für das Leiden ist die Vorstellung, dass etwas geschieht, das nicht geschehen sollte. Solange dein Verstand dir sagt, dass nicht sein darf, was ist, wird einzig und allein der Widerstand gefüttert und du bleibst im Kampfmodus. Das ist ein Kampf gegen Windmühlen, denn du führst ihn gegen dein wahres Sein. Gegen dein Herz, gegen deine Seele. Dein Widerstand, der daraus resultierende Kampf und das Leiden sind Schöpfungen deines Verstandes. Er ist es, der Kraft der Gedanken deine Realität erschafft. Wie du also eine Situation erfährst, hängt davon ab, was dein Geist dich darüber denken lässt. Das Leben schenkt uns zuverlässige Wiederholungen und glaub mir, alle Gefühle kennst du bereits. Du hast sie im Laufe deines Lebens bereits in mannigfaltigen Varianten gefühlt. Du hast bereits Enttäuschungen erlebt und es werden wahrscheinlich weitere folgen. Du hast bereits Liebe erlebt und du wirst sie zweifelsfrei wieder erleben. Du kennst das Gefühl von unbändiger Freude, Glück, Heiterkeit und Leidenschaft. Du hast schon Frustration, Traurigkeit, Gewinn und sehr wahrscheinlich auch Verlust gefühlt, ebenso Mut, Tapferkeit, Ignoranz, Feindseligkeit, Ablehnung, Begeisterung, Angst, Furchtlosigkeit, Unruhe, vielleicht auch Ausgrenzung, Lust, Erfüllung, Klarheit, Verwirrung und eben auch Schmerz und Wut.

Jede Erfahrung, die du gemacht hast, ist etwas ganz eigenes, etwas, das du in dir erfährst. Es sind deine Gefühle, die darüber bestimmen, auf welche Weise du diese Erfahrung erlebst, und alle Gefühle werden in dir erzeugt. Alle Situationen, die dich zu diesen Emotionen führen, sind Ereignisse, die außerhalb von dir stattfinden. Wie du sie erlebst, wird von deinen bereits gemachten Erfahrungen gesteuert. Denn dein Geist macht nichts anderes, als alle Ereignisse mit den bereits vertrauten und gemachten Erfahrungen abzugleichen, deine ungesunden Glaubenssätze zurate zu ziehen und ihnen das passende Gefühl zuzuordnen. Er gleicht bereits bekannte Daten aus früheren Erlebnissen (aus der Vergangenheit) mit denen der momentanen Situation ab und daraus erschafft er deine momentane Wahrheit. Mit dem wahrhaftigen, gegenwärtigen Augenblick hat das nicht mehr viel zu tun. Die Gegenwart, das Jetzt wird einfach von der Vergangenheit überrundet und verschwindet. Währenddessen bietet dir dein Verstand auch noch eine betörend vertraute Vision deiner Zukunft an. Das alles führt dazu, dass jeder Mensch dieselbe Situation, dasselbe Ereignis völlig unterschiedlich wahrnimmt und deutet.

Was sich hier sehr technisch anhört, geschieht in Millisekunden weit weg von deiner bewussten Wahrnehmung. Wie oft schon hast du dich selbst sagen hören, dass du es leid bist, immer wieder enttäuscht zu werden. Dabei wird sich das Gefühl der Enttäuschung wahrscheinlich in kleinen Nuancen immer etwas anders angefühlt haben. Unter dem Strich aber wird es dem Gefühl der Enttäuschung zugeordnet. Mit der Wut und allen anderen Emotionen wird es sich ähnlich verhalten. Alles alte Bekannte. Gelingt es uns, uns von dem ständigen Denken an negative Erlebnisse zu befreien, bleiben wir nicht länger eine Geisel unserer Vergangenheit. Indem wir aufhören, immer und immer wieder auf geglaubt begangene Fehler zurückzuschauen und sie so noch einmal zu leben, schaffen wir eine neue Realität. Der Ausstieg aus dem, nennen wir es jetzt, Gefühlsbällebad und das darauffolgende Anschauen eben dieser Emotionen bietet uns die einmalige Gelegenheit zu Wachstum, Erkenntnis und Veränderung. Auf diese Weise schaffen wir es, immer wieder neu mit Ereignissen umzugehen und aus dem alten Muster der Reaktion in das Handeln zu kommen. So können wir den Umgang mit unseren Gefühlen immer wieder neu erschaffen und erschaffen uns selbst immer wieder neu. Wir haben somit die wundervolle Fähigkeit, unser Leben in die eigene Hand zu nehmen. Uns von alten Mustern zu lösen, zu wachsen und zu entwickeln. Das im Übrigen ist der Prozess des Lebens – Wachstum und Entwicklung. Es ist an der Zeit, dass wir beginnen, für uns selbst einzustehen und unsere eigenen Glaubensüberzeugungen zu entwickeln, die uns stärken, fördern und unterstützen.

Beginnen wir damit und geben wir uns die Erlaubnis, unsere Gefühle zu fühlen, sie dann anzuschauen und ohne Bewertung loszulassen. Mit dem Leben zu fließen, statt gegen jedes Gefühl, jede Veränderung, jede Entwicklung anzukämpfen. Lasst uns unsere negativen Gefühle wie eine alte Freundin begrüßen. Sie wollen uns nichts Böses. Wenn dich eine alte Freundin überraschend besuchen kommt, dann schlägst du ihr auch nicht die Tür vor der Nase zu. Du wirst sie hereinbitten, vielleicht sagst du ihr, dass du gerade nicht so viel Zeit für sie hast, aber dass du dich freust, sie zu sehen. Sie ist nicht deine Feindin und auch kein Teil von dir. Sie ist eine alte Bekannte. Du wirst ihr nicht sagen: „Ich will, dass du weggehst." Und ebenso wenig wirst du ihr anbieten, ein 8-Gänge-Menü für sie zu kochen. Schaut nun ein bekanntes Gefühl vorbei, dann sag ihm nicht: „Ich will dich nicht. Hau ab." Begrüße es freundlich: „Hallo, Wut, da bist du ja." Gib ihr wohlwollend den Raum, den sie braucht. Schau sie an, lass sie dich anschauen und wahre eine gesunde Distanz. Auf diese Weise verlierst du dich nicht in ihr und schenkst ihr dennoch die Anerkennung, die sie in diesem Augenblick haben möchte. Glaube mir, alle negativen Gefühle wollen ebenso sehr Liebe und Anerkennung wie du selbst.

Wenn wir dies weiter betrachten, dann werden wir feststellen, dass die Wut und die Angst ein Ausdruck davon sind, dass wir etwas, das wir lieben, verloren haben oder verlieren könnten. Sie klopfen so lange wieder an unserer Tür, überwältigen uns immer wieder hinterrücks, bis wir endlich bereit sind, sie anzuschauen. Wir haben die Wahl. Wir können sie wegschicken, dann kommen sie wieder. Wir können sie anschauen und erkennen, dass wir nicht sie sind, sondern sie lediglich eine kleine Momentaufnahme sind. Wir können ihnen aggressiv gegenüber treten und sie dadurch so richtig anfeuern. Wenn sie dann so richtig Fahrt aufnehmen, dann holen sie sich auch garantiert Verstärkung bei ihren Kollegen. Die Wut liebt ihre Kolleginnen, die Angst, die Enttäuschung, die Frustration, die Feindseligkeit und die Unruhe, um nur einige zu nennen. Meistens bleiben die dann auf unbestimmte Zeit und quälen uns mit ihren Niederträchtigkeiten. Wir können die beste

Wahl treffen und sie als Freundin begrüßen, sie nicht beleidigen, beschimpfen oder bekämpfen, sondern sie liebevoll in den Arm nehmen und sie ebenso liebevoll und dankbar wieder entlassen. Die alte Freundin wird nur kurz bleiben, wenn wir sie nicht aufhalten. Zurücklassen wird sie in uns das Gefühl inneren Friedens statt Verwirrung, Schmerz und Zerrissenheit, die sie uns im Kampf zufügen würde.

Nun ist auch dies eine Entwicklung und wir sind die Schüler in diesem Universum, welches uns das Leben ermöglicht. Jede ist auf ihrer eigenen Reise, in ihrem ganz individuellen Bewusstseinszustand bereit, sich den eigenen Sehnsüchten hinzugeben. Oder sie ist noch nicht so weit sich hinzugeben und unternimmt eher noch ganz zaghafte Versuche, die eigenen Sehnsüchte zu entdecken. Erwarte an dieser Stelle nicht zu viel von dir. Erwarte gar nichts, sondern sei bereit, die Dinge sein zu lassen, wie sie sind. Und das in dem tiefen Vertrauen, dass alles möglich ist. Bist du in der Wut, versuche zu erkennen, dass es die Wut ist, die aus dir spricht, die deine Gedanken lenkt und die im Zweifel schon längst ihre Kollegen gerufen hat, um dir weiterhin zuzusetzen.

Vielleicht mag es dir helfen, wenn du dir immer mal wieder Zeit nimmst, um mit deinem Körper in Kontakt zu treten. Denn er ist es, der unmittelbar auf das reagiert, was du denkst und folglich fühlst. Dein Gehirn ist der Boss der Chemiefabrik in dir und sorgt unter anderem dafür, dass eine Menge unterschiedlichster Botenstoffe und Hormone ausgeschüttet werden, die deinen Körper und deine Gesundheit massiv beeinflussen. Beginne, dich mit dir selbst vertraut zu machen, dich selbst zu betrachten. Es fällt vielen wirklich sehr schwer, dies auf spirituell-geistiger Ebene zu tun. Daher empfehle ich dir, mit der Wahrnehmung deines Körpers zu beginnen. Spüre in deinen Gedanken deinen Körper. Taste ihn geistig ab. Kannst du deinen kleinen Zeh fühlen, wenn du die Augen geschlossen hast? Ich beginne immer von unten nach oben, also tatsächlich bei den Zehen. Nimm alles Körperliche an dir wahr. Bleibe nicht an Details hängen, sondern nimm nur wahr. Bewerte nichts, kommentiere nichts. Alles darf genau so sein, wie es ist. Lass es zu einem schönen ersten Kontakt mit der Stille werden.

Ich habe mich in den Geschmack der Stille verliebt, die mich in mich selbst eintauchen lässt. Stille, die mich von der Quelle allen Seins trinken lässt. Einen winzigen Hauch von der Unsterblichkeit der Seele erhaschen lässt, meine Gedanken fortträgt, mit ihnen spielt, sie in die Lüfte hebt und mit Liebe erfüllt.

Ich tanze mit der Stille an Orten, die in goldenem Licht glänzen, tanze zu einem Klang, den meine Ohren einst nicht hören konnten. Alleinsein mit mir, in die Stille eintauchen ist zu meiner Medizin geworden. Es ist die Liebe in mir, die die Stille trägt, und wenn ich mich mit ihr verbinde, dann bin ich ganz.

Ich bin meine eigene beste Freundin geworden und wir machen viele wilde Abenteuer zusammen. Nichts darstellen müssen. Nicht funktionieren müssen. Mich entfalten. Mich entdecken. Mich lieben. Weniger sagen. Mehr hören. Weniger denken. Mehr sein.

Anschauen tut weh

Wie kleine Kopf-Messies horten wir völlig unnützes Gedankenzeug in einem chaotischen Durcheinander in den Tiefen unseres Hirns. Wir scheinen unfähig, uns von dem Gedankenzeug in unserem Kopf zu trennen und Ordnung herzustellen, um in die Stille zu finden. Unsere strengen Bewertungsmaßstäbe und das ständige Verlangen nach einem Urteil verführen uns dazu, vielen Gedanken einen völlig übersteigerten Wert beizumessen. Wir glauben, wir wären die Einzigen, denen es so geht. Denn von außen betrachtet sieht die Welt der anderen so viel besser aus als unsere. Wären wir alle ehrlich miteinander und könnten uns annehmen, statt uns in elenden Vergleichen zu suhlen, dann gäbe es nicht nur weniger Raum für die Selbstzweifelmonster, sondern auch viel mehr Raum für die Selbstliebe. Wir würden erkennen, dass unser Schmerz nicht das ist, was uns trennt, sondern uns mit anderen verbindet.

Deine alten Wunden sind keine Entschuldigung dafür, dass du neue Wunden zulässt, dass du es zulässt, dass man dich benutzt, verletzt oder du dir selbst neue Wunden zufügst. Du musst dir und anderen nichts vormachen. Du musst nicht länger leiden und eine Beziehung mit Menschen aufrechterhalten, die dich nicht sehen wollen oder können. Du bist die Entscheiderin darüber, wer in deinem Leben einen Platz haben darf und wer nicht. Gib dir selbst die Erlaubnis, alles aus deinem Leben zu entfernen, das dich klein halten will, einschränkt und Gift für deinen Selbstwert ist. Jeder, der dich dafür beschämt, beschimpft oder belächelt, ist ein Teil des Problems. Du hast die Kontrolle, den Joystick für dein Spiel des Lebens in der Hand. Nutze ihn, für dich. Für deine Freude. Für deine Leidenschaft. Für deine Lust. Für die Liebe zu dir selbst. Aus dieser neuen, kraftvollen Position heraus wirst du diese Liebe teilen können. Frei von Angst. Nicht als Opfer, sondern als die wundervolle Frau, die du bist.

Lass die Dinge ankommen und sie werden ihren Schrecken verlieren. Lasst uns damit aufhören, ständig neue Entschuldigungen zu finden, warum wir uns nicht mit uns selbst befassen können. Es ist leicht, sich in das Chaos der Gedanken hineinzuwerfen. Durch Situationen zu stolpern und darauf zu warten, dass die Zeit uns helfen wird, dass das Elend an uns vorbeizieht. Das Einzige, was es zu einem Teil unseres Lebens macht, ist, dass wir weiterhin darüber nachdenken, ihm Raum schenken und ein gemütliches Plätzchen in einem unserer Gedankenschubladen anbieten. Bis diese Schubladen so voll sind, dass sie überquellen und wir weiteren Platz schaffen, neue Regale, Kommoden und Schränke in unserem Kopf aufstellen, die wir allesamt mit Leichtigkeit neu befüllen. Gedanken, uns verletzende Worte und Situationen horten, verstecken, nicht anschauen. Glauben wir doch tatsächlich, dass, wenn wir sie nicht anschauen, sie uns nichts tun können.

Wir vergessen jedoch, dass es genauso leicht ist, sich zu erheben, stark, groß und stolz auf unseren eigenen Füßen zu stehen, voll Zuversicht, wissend, dass wir unsere Tage so leben, wie wir es am besten können. Alles, was wir brauchen, um uns an unsere ewige Kraft und Schönheit zu erinnern, sind nur ein paar Momente der Stille jeden Tag. Manchmal macht Stille Angst. Weil die Stille in ihrer Wahrhaftigkeit so gewaltig und vom logischen Verstand nicht begreifbar ist. Weil sie so schön wie schmerzhaft sein kann, so viel Leben wie Tod enthält, so viel Ewigkeit wie Vergänglichkeit. Denn in der Stille scheinen wir nackt zu sein, können uns nicht mehr hinter dem unablässigen Strom der Gedanken verstecken. Die Welt um uns herum und in uns scheint nackt zu sein. Ich weiß nicht, wie es dir geht, aber nackt mochte ich mich ohnehin nicht, äußerlich nicht und innerlich konnte ich mir das erst recht nicht vorstellen.

So viele Grenzen, die wir uns selbst auferlegen. Diese Grenzen sind wie ein Tanz. Wenn wir zu viele haben, bilden sie große Mauern, die alles draußen halten. Die uns davon abhalten, im Einklang mit uns selbst zu sein, und uns in die Arme unserer Ängste treiben. Haben wir keine Grenzen, verschenken wir uns, verlieren den Ort des Vertrauens in uns und mit ihm unsere Stimme. Wir verlernen danach zu fragen, was wir wollen und brauchen, werden blind für unsere sanfte, innere Stärke. Es gibt nichts Mächtigeres als die Stille. Stille ist innere, geistige Freiheit und wahrhaftiger, innerer Frieden. Sie ist deine Balance, hilft dir zu erkennen, anzunehmen und loszulassen. Stärkt deine Mitte und ist der Kontakt zu deinem höheren Selbst. Ein Teil von dir ist Stille und in ihr bist du mächtig.

Reden wir Klartext …

… auch, wenn du es nicht gerne hörst. Schau auf dich selbst und weniger auf die anderen. Bei dir selbst kannst du am einfachsten ansetzen, um etwas in deinem Leben zu ändern. Hör damit auf, andere für die Umstände deines Lebens verantwortlich zu machen, und pack es selbst an. Du kannst lange darauf warten, bis du andere Menschen veränderst. Dich glücklicher machen oder deine Probleme lösen, würde es ebenfalls nicht. Es geht keinesfalls um die Schuldfrage. Quäle dich nicht unnötig mit solchen Gedanken, sie führen zu nichts. Es ist immer diese eine Stimme in unserem Kopf, die beginnt, alles und jeden ständig zu kommentieren. Das macht schlechte Gedanken und schlechte Gedanken lösen schlechte Gefühle aus. Diese schlechten Gefühle drängen uns wieder und wieder zu den gleichen Reaktionen und Erlebnissen – das haben wir bereits ausführlich besprochen – und schon sitzen wir wieder in unserem Gedankenkarussell und beschäftigen uns mit dem, was war, oder dem, was kommen könnte. Wir sind auf jeden Fall raus aus dem gegenwärtigen Moment und weg von uns selbst. Zu viel denken macht unglücklich!

Es gibt jedoch Dinge im Leben, die können wir nicht ändern. Wenn die Illusion einer Beziehung in Millionen kleiner, gefährlich verletzender Scherben zerbrochen ist, die sich nie wieder zusammenkleben lassen und an denen du dich schon so oft geschnitten hast, dass zahlreiche Narben dein Herzchen bedecken. Wenn jemand verstorben ist, eine schwere Krankheit zu dir kommt, du deinen Job verlierst ... dann können wir die Zeit nicht zurückdrehen und hoffen, es sei nichts geschehen. Dann gibt es zwei Möglichkeiten und du hast die Wahl. Entweder du kniest vor dem Sarg der Vergangenheit nieder und schmeißt dich gleich mit hinein oder du hältst inne, lässt das Geschehene ankommen und gehst den nächsten Schritt, sobald du soweit bist. Findest deine eigene Stimme wieder und lebst dein Leben. Denn das will es, das Leben. Es will von uns gelebt werden. Jetzt und nicht in der Vergangenheit.

Für die erste Möglichkeit wirst du viele Gleichgesinnte finden, mehr als für die zweite. Sie alle leben im Jammertal der Vergangenheit, und dieses Jammertal ist groß. Es wimmelt dort nur so von Menschen, die sich aufgegeben haben. Die nicht nur für jede Lösung ein Problem, sondern auch immer einen Schuldigen haben. Natürlich wollen sie, dass du bei ihnen bleibst. Mit ihnen am Grabstein der begrabenen Träume, Wünsche und Sehnsüchte weinst. Denn für jeden, der das Jammertal verlässt, verlieren sie einen Schuldigen aus ihrer Mitte. Einen, dem es ebenso schlecht geht wie ihnen. Einen, mit dem sie sich in ihrem Leid identifizieren können. Was, wenn dann irgendwann keiner mehr da wäre, den sie für ihr Elend verantwortlich machen könnten? Dann müssten sie auf sich selbst schauen und das wird mit aller Macht vermieden.

Für die zweite Möglichkeit brauchst du die Bereitschaft, deine Einstellung zu ändern. Du brauchst neue Gedanken, die dich erheben, dich ermutigen, dir helfen, die Dinge mit neuen Augen zu sehen. Du brauchst eine neue Wahl deiner Worte. Gestrichen werden die Worte der Angst, des Scheiterns und Verlierens und werden durch die Worte deiner Träume, Wünsche und Ziele ersetzt, durch die Worte des Menschen, der du sein willst.

Vor all dem steht die Bereitschaft, alles, was du bislang vehement versucht hast, von dir fernzuhalten, ankommen zu lassen und anzuschauen. Verabschiede dich von der Sorge, dass alles auf einmal ankommen wird. Stell dir einen kleinen Flugplatz vor. Auch dort können nicht alle Maschinen auf einmal landen. Es gibt einen Flugplan und ein Nachtflugverbot. Landet eine Maschine, dann wird sie erstmal zu ihrem Gate geleitet, dann müssen alle Passagiere aussteigen, ihr Handgepäck mitnehmen und die sich an Bord befindende Ladung wird ausgeladen und ins Terminal gebracht, wo sie dann am Kofferband auf ihre Besitzer trifft. Und nicht jeder Passagier holt seinen Koffer ab. Du kannst dein Tempo selbst bestimmen und vielleicht beginnst du damit, dir einzugestehen, dass es dir nicht gut geht, dass sich etwas gar nicht gut anfühlt. Für mich war das allein schon eine echte Herausforderung. Ich war so sehr daran gewöhnt, die Dinge wegzulächeln und die äußere Fassade aufrechtzuerhalten, dass es mir sehr schwer gefallen ist, mir das einzugestehen. Vor mir selbst zugeben, dass ich am Boden bin, passte einmal mehr nicht in mein Bild von mir. Dass mir dieser innere Widerstand nur noch mehr Kraft rauben könnte, war für mich nicht vorstellbar. Ich war eher die Passagierin, die ihren Koffer nicht vom Kofferband abgeholt hat, damit sie nicht in der dreckigen Wäsche wühlen muss. Ich habe eher nach der Überzeugung funktioniert: wenn ich es nicht anschaue, kann ich es nicht sehen. Kann ich es nicht sehen, sieht es mich nicht. Sieht es mich nicht, kann es mich nicht vernichten. Weit gefehlt.

Diese Phase des Ankommen-Lassens, so schwer sie auch scheinen mag, lässt sich nicht ignorieren oder überspringen. Da gibt es leider keine Abkürzung. Sie ist wichtig, damit wir in den Prozess des Loslassens gehen können. Denn wie soll ich etwas loslassen, wenn ich nicht bereit bin, es anzuschauen? Wenn ich mich nicht traue, meinen Widerstand aufzugeben, wird er mich in meinem Schmerz festhalten. Was hier wirklich gebraucht wird, ist ein klares Ja. Ja, da ist die Trauer. Ja, da ist die Angst. Ja, da ist die Wut, die Verzweiflung, die Einsamkeit … Und das Anerkennen, dass das, was passiert ist, nicht ungeschehen sein wird. Das bedeutet nicht, dass du jetzt alles feiern sollst, was geschehen ist. Du musst es auch nicht gut finden und es bedeutet auch nicht, dass du es dir ausgesucht hast (zumindest nicht bewusst). Dadurch wird deine weitere Zukunft nicht besiegelt, nicht in einen marmornen

Grabstein gemeißelt, sondern überhaupt erst möglich und der Blick auf neue, bunte Ziele, Pläne, Beziehungen frei. Sei bereit, dir zu erlauben, den Dingen Raum zu geben. Jetzt in diesem Augenblick. Alles darf sein, wie es ist. Kein Gedanke mehr darüber, wie es sein könnte, wenn nicht passiert wäre, was passiert ist. Es ist und du bist und alles ist Jetzt.

Wir wünschen uns so sehr, dass sich alles mit einem Schlag wie von Zauberhand in Luft auflöst. Wir mit uns ins Reine kommen, loslassen und frei sind. Die Wahrheit ist wohl eher vergleichbar mit einer liebevollen Gartenarbeit, die nur wir selbst erledigen können. Unkraut jäten, Boden lockern, neu einsäen, alte Pflanzen pflegen und alles beginnt immer wieder von Neuem, aber immer auf einem nächsten Level. Weil du eine immer geübtere Gärtnerin wirst. Alles wird dir schneller von der Hand gehen, weniger schmerzhaft sein und mehr Leichtigkeit im Umgang mit dem bringen, was du festhältst. Je mehr von dem sinnlosen Widerstand wir aufgeben, umso mehr kommen wir in unsere Kraft. Wo wir hart, unbeweglich und unnachgiebig mit uns waren, werden wir fließend wie das Wasser, klar wie das Quellwasser. Glaube mir, Ausreden wird es auch hier immer wieder geben. Der Weg zu dir ist ein Weg, der niemals endet. Ein Weg, der immer ist. Auf dieser Reise bist du allein mit dir. Obwohl verbunden mit allem Sein, kann kein anderer Mensch diesen, deinen Weg für dich gehen.

Die Entscheidung, dass du dir erlaubst, die Dinge ankommen zu lassen, dass du Ja zu dir sagst, kann der Beginn einer hingebungsvollen und liebevollen Freundschaft mit dir selbst werden. Warte nicht darauf, dass irgendwann der richtige Zeitpunkt dafür sein wird, sondern sag Ja. Jetzt. Gib deinen inneren Widerstand auf. Denn manchmal bedeutet aufgeben, nicht weiter verzweifelt versuchen, etwas zu verstehen und es unter dem Mikroskop im Gedankenlabor zu sezieren, sondern sich wohl damit zu fühlen, dass du es nicht weißt, keine Antwort auf jede Frage hast, und sich der Situation hinzugeben. Sie sein zu lassen. Die Aktivitäten des Denkapparats einzustellen. Sich bewusst fühlen, mit dem Körper beginnen und dabei im Kopf zu ruhen. Still sein. Fühlen. Vielleicht hilft dir diese kleine Affirmation dabei, im Vertrauen zu bleiben:
Ich bin mutig und ich stehe zu mir selbst. Ich bin frei in meinen Entscheidungen. Ich treffe immer die beste Wahl für mich.
Es zwingt dich keiner dazu, mit der Masse zu schwimmen oder bei Menschen zu bleiben – egal, ob im Job oder in der Beziehung –, die dich klein halten wollen. Menschen, die es angeblich gut mir dir meinen und

dabei ohne Rücksicht auf Verluste nach dem eigenen Vorteil streben, nach rechts und links austreten und ihr eigenes Wohl im Zentrum ihres Blicks haben. Menschen, deren Universum in allererster Linie aus sich selbst besteht. Menschen, für die Empathie und Dankbarkeit leere Worthülsen und seltsame Aliens aus anderen Universen sind. Menschen, die es nur durch ihre Anwesenheit schaffen, dass du dich minderwertig fühlst. Es wird immer jemanden geben, der deinen Wert nicht sehen kann, deine Liebe nicht fühlen kann, deine Zartheit nicht erträgt, deine Sensibilität missbraucht, dich nicht achtet, deine Fürsorglichkeit falsch versteht und ausnutzt.

Sei nicht selbst dieser Jemand.

Schau dich an. Nimm dich in den Arm und wiege dich im Klang der Stille. Begrüße deine kleinen Macken, deine Ängste und Sorgen ebenso wie deine Träume, deine Leidenschaft und deine Herzenswünsche. Bade in der Wärme der Liebe, wenn du dich grässlich fühlst. Verwandle deine Wunden in Weisheit. Lege die Maske der Perfektion, und mit ihr das Bild von einer immer funktionierenden Frau, beiseite. Halte nicht länger an einem Fehler fest, nur weil du eine Menge Zeit damit verbracht hast, ihn zu machen. Werde langsamer. Suche den Ort der Stille in dir auf und beende den

Kampf gegen dich selbst und andere. Wenn du heute nicht bereit bist, dich selbst zu lieben, dann wirst du es auch morgen nicht können. Du wirst deine Entschuldigungen auch morgen noch dazu benutzen, weit von dir wegzuschauen. Viele werden sich auch in zehn Jahren noch an diesen Entschuldigungen festklammern und mit den anderen Jammertalbewohnern am marmornen Grabstein weinen. Sei nicht dabei.

Unsere wahre Kraft kommt von innen und da trauen sich die wenigsten hinzuschauen. Meine mächtigen Glaubenssätze haben auch mich viele Jahre lang glauben lassen, dass ich, um gut zu sein, die Bedürfnisse anderer über meine eigenen Bedürfnisse stellen müsse. Aber nur, weil uns etwas von Kindheit an eingeredet wurde, heißt es nicht, dass es wahr sein muss. Immerhin haben wir irgendwann auch einmal geglaubt, die Erde sei eine Scheibe. Das Leben ist wunderbar und ich habe gelernt, dass es mir alles schenkt, alles anbietet, was ich wissen muss, und ich immer zur richtigen Zeit vor die sich mir bietenden Herausforderungen gestellt werde. Und ja, ich finde auch nicht alle Herausforderungen toll. Aber darum geht es auch gar nicht. Es ist vielmehr der Blick, mit dem wir die Herausforderung betrachten. Wie wir uns ihr entgegenstellen. Ob wir sie als Freundin oder Feindin begrüßen, sie als Lehrerin oder Täterin ansehen, die uns strafen will. Wenn es uns gelingt, uns mehr und mehr selbst anzunehmen, uns liebevoll zu betrachten und zu vertrauen, dann fällt es uns auch leichter, Herausforderungen so zu nehmen, wie sie sind. In dem Maße, in dem wir friedvoller mit uns selbst werden, können wir auch mit anderen Menschen friedvoller sein. Wir sind dann nicht mehr ständig im Verteidigungsmodus gefangen, sondern können andere und uns selbst sein lassen. Dann sind wir zu einem wahrhaft friedvollen und liebevollen Zusammenleben fähig.

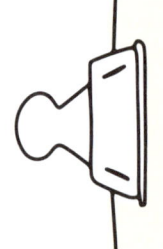

Sich selbst fühlen und mit dem Blick der Liebe zu betrachten macht uns zu bewussten Wesen. Es eröffnet uns völlig neue Sichtweisen und führt uns auf eine Ebene, auf der alles möglich ist.

Die Welt braucht jetzt die Erinnerung an das uns innewohnende Gutsein, die zu uns gehörende Liebe, den tiefen Glauben daran, dass alles möglich ist, und den absoluten Wunsch, mit den Menschen und der Natur in göttlichem Frieden zu sein. Lass diese Worte die Erinnerung daran sein, dass du wundervoll bist. Meistens müssen wir erst an einen Punkt in unserem Leben gelangen, an dem wir bereit sind, mit der Faust auf den Tisch zu hauen. Es benötigt das Erkennen und Fühlen einer wahrhaftigen, tiefen, inneren Bereitschaft, etwas in unserem Leben zu verändern.

Lasst uns die Angst vor Veränderung durch die Liebe ersetzen. Dafür brauchen wir keine besonderen Techniken oder jahrelangen Therapiesitzungen, in denen wir wieder und wieder unsere Vergangenheit durchkauen. Es reicht lediglich der absolute Wille und der Glaube daran, dass jetzt der richtige Moment ist. Es braucht deine Entscheidung. Eine klare Absicht. Mach einen Schritt nach dem anderen. Es sind die kleinen Dinge im Leben, die wir anpacken können, und es entwickelt sich etwas Großes daraus. Veränderung macht keine Angst, wenn du sie in kleinen Schritten angehst. Wenn du dafür Hilfe in Anspruch nehmen möchtest, dann ist das völlig okay. Es tut gut, wenn wir unser inneres Wachstum mit jemandem teilen können. Wir müssen diesen Weg nicht alleine gehen.

Wenn wir langsamer werden und in die Stille gehen, jenseits der Geschichten, die man uns erzählt, wie wir zu sein haben oder was wir wären, jenseits der Geschichten, die wir uns selbst erzählen, dann erkennen wir unsere wahrhaftige Größe. Wir sehen, dass wir genug sind. Dass alles an uns liebenswert ist. In der

Stille können wir all den verletzten Teilen in uns Fürsorge und Trost spenden, sie anschauen und durch unsere Anerkennung und Liebe heilen lassen. Wir können sie auflösen. Für uns, unsere Ahnen und unsere Kinder.

Die Geschichten, die wir uns über uns selbst erzählen, werden zu dem Glauben, den unsere Töchter und Söhne in sich tragen, in ihrem Herzen und in ihrem Geist, über ihren Körper, ihren Wert, und werden so zu ihrer Stimme.

Um uns selbst zu heilen, brauchen wir den Ort der Stille in uns. An diesem Ort können wir dem reinen Klang unserer Seele lauschen. An diesem Ort sind wir ganz in uns und im Hier und Jetzt.

Wenn wir Ja zu dem Ruf der Seele sagen, erlösen wir uns und unsere Kinder vom Leid und ersetzen Schmerz durch Kraft und Angst durch Liebe.

Die alten Stimmen in uns, die sagten, dass Liebe weh tut, dass sie schwer zu finden ist. Diese alten Stimmen in uns, die sagten: „Er wollte dich nicht, er wollte uns nicht, wir sind nicht gut genug, wir sind schmutzig, wir sollten uns schämen, wir sind selbst Schuld, wir sind dumm ... ." Dies sind nicht die Geschichten, die wir weiter in uns tragen sollten. Wir werden dieses Geplapper nicht weitergeben. Und so stellen wir uns unseren Dämonen und erlösen mit dem hellen Strahlen unseres Lichts das Dunkel.

So werden unsere kleinen Töchter und Söhne starke Frauen und Männer, sind sie nicht länger in unseren alten Geschichten und Glaubenssätzen gefangen, die wir aus unserer Vergangenheit mitgebracht haben.

So können unsere Töchter und Söhne neue Geschichten erzählen. Sie werden Lieder von Kraft, Stärke, Mut und Vertrauen singen und Geschichten von Liebe und Dankbarkeit erzählen. So werden unsere Wunden zu Weisheit und bringen Heilung in die nachfolgenden Generationen.

Dies ist das Geschenk, welches wir unseren Töchtern und Söhnen geben. Unsere Heilung ist ihre Heilung. Es mag sich anfühlen, als sei es ein harter Job. Aber wir sind nicht allein. Es ist unser Weg. Gehen wir ihn gemeinsam.

Wenn dich die Dunkelheit mit ihrer Trauer erreicht, wenn sie ihre Hand nach dir ausstreckt, dann erinnere dich daran, du bist nicht alleine. Wir gehen diesen Weg gemeinsam.

Finde deine Stimme

Wir scheinen unsere Gewohnheiten so sehr zu lieben, dass wir sogar bereit sind, uns dafür zu opfern. Wie ein Junkie seinen nächsten Trip dringend braucht, haben wir eine Scheißangst davor loszulassen. Die Angst vor dem Ungewissen, weil das Altbekannte uns so vertraut ist, selbst dann, wenn es Unglücklichsein und Schmerz bedeutet. Was man hat, das hat man. Verlust ist Mist. Wer will schon eine Verliererin sein? Mich hat das an die letzten 12 Jahre meiner Ehe festhalten lassen. Es erinnert mich an eine geschickte Art, Affen zu fangen, wie man es in Indien gemacht hat. Um die Affen einzufangen, schnitt man in das eine Ende einer Kokosnuss eine Öffnung hinein, die gerade groß genug für eine Affenhand war. Dann steckte man eine Banane in die Nuss und bohrte zwei weitere kleine Löcher ins andere Ende der Kokosnuss. Es wurde ein Stück Draht durch die kleinen Löcher gezogen und so befestigte man die Bananen-Kokosnuss-Falle an einem Baum. Jetzt

brauchte man nur noch abwarten. Die neugierigen
Affen kamen bald angeschlichen, griffen nach der Banane, bekamen sie aber mit geschlossener Affenfaust
nicht mehr heraus. Anstatt loszulassen und frei zu sein,
baumelten sie an der Kokosnuss und hielten die Banane fest. Sie schafften es einfach nicht, sie loszulassen.

Mit den meisten Menschen ist es wie mit den Affen.
Lieber etwas sicher Geglaubtes festhalten, sich selbst
verraten und untergehen, statt loszulassen und sich zu
befreien. Wir lassen unsere Gedanken in alle Himmelsrichtungen fliegen, wenn wir an das Loslassen denken,
und sie lehren uns das Fürchten. Denn ganz gleich,
in welche Richtung sich dieses Denken wendet, es ist
immer verbunden mit den Gedanken um Angst vor
Verlust, Sorge vor der Zukunft, Kampf und Widerstand.
Seltsamerweise auch mit Schmerz, einem noch unbekannten Schmerz. Lieber also bei dem Schmerz bleiben, den
man kennt. Im Herzen verhungern wir, weil wir uns selbst
in einen Käfig aus vielen Solls und Müssen einsperren.
Festgefahren stecken wir in dem Glauben, die Erwartungen anderer an uns seien unverhandelbar und müssten
erfüllt werden. Unsere Erwartungen an uns selbst sind so
hochgeschraubt, dass wir, selbst als Superheldin eines
Films, nicht zurechtkämen. Vielleicht würde uns Super-
man sogar den Vogel zeigen und ganz lässig zu uns
sagen: „Baby, lass mal gut sein."

Dabei ist Loslassen nicht Wegwerfen. Die Dinge in einen großen Müllsack und dann ab damit auf die Sondermülldeponie, das funktioniert in diesem Fall nicht. Es hilft auch nicht, sie zu vergraben, denn irgendwann wird dein Geist sie dir wieder vor die Füße spucken. Das Loslassen an sich ist auch nicht mit Schmerzen verbunden. Die Schmerzen haben wir vorher. Wir fühlen uns noch mit dem Menschen oder der Situation verbunden und sind meistens noch gar nicht fertig damit. Diese Verbundenheit verwechseln wir nicht selten mit Liebe. Aber ist sie das? Loslassen ist ein friedvoller Prozess. Es ist ein sanftes Auflösen, in Frieden Gehenlassen, etwas da sein lassen, wo es ist. Ich gebe dir auch hier recht, es erscheint uns so unfassbar schwierig und wenn wir davor stehen fast unmöglich. In vielen Gesprächen mit Frauen, die meine Hilfe suchten, bin ich immer wieder gefragt worden: „Wie, bitte Michaela, wie kann ich loslassen? Es tut so weh und ich kriege es nicht aus meinem Kopf." Ich mag dir jetzt hier keine schlauen Ratschläge geben, die alle wohl tönen mögen, dich aber nicht erreichen und dir vielleicht sogar nicht zu helfen vermögen, weil du noch nicht so weit bist. Ich erzähle dir eine meiner sehr schmerzlichen Geschichten, möge sie dir helfen zu erkennen. Bewusst wahrgenommen habe ich den Schmerz in dieser Geschichte erst in dem Augenblick, indem ich sie loslassen konnte, und das hat einige Jahre gedauert. Mit dem Loslassen war aber dann auch der Schmerz aufgelöst. Ich konnte ihn sehen, ich konnte ihn in Worte fassen und ich wusste, ich war bereit, ihn anzuerkennen, und durch meine Anerkennung konnte sich der Schmerz transformieren, und ich empfand tiefen inneren Frieden und eine große innere Freiheit.

Nach der zweiten und endgültigen Trennung von meinem Mann habe ich mir abermals keinen Raum gegeben, mich in dieser Trauer und diesem Schmerz ganz zu fühlen. Ich habe nicht eine einzige Träne weinen können, so hart war ich gegen mich selbst. Damals habe ich diese Härte mit Stärke verwechselt. Wut? Klar, davon gab es eine Menge. Darüber haben wir im **9. Kapitel** gesprochen. Schmerz auch, aber irgendwie oberflächlich, in die Tiefe konnte ich nicht schauen, weil meine Mauerfrau einen verdammt guten Job gemacht hatte. Den Teil meines Herzens, der mir zugänglich war, habe ich mit einer Menge Glitzer-Feen-Staub, rosa Konfettiregen, vielen wärmenden Kuscheldecken und -kissen aufgehübscht. Weil das wärmende Feuer in meinem Herzen nur mehr einer kleinen Glutstelle glich, behalf ich mir mit einer großen Anzahl Kerzen. Hätte ich damals das kleine Mädchen in mir sehen können, hätte ich entdeckt, dass sie zusammengekauert in der letzten Ecke des Herzens saß. Stumm. Ich aber war noch nicht bereit hinzuschauen. Ring frei für die erste Runde und viele weitere Runden in meinem Schattenboxkampf, der mit einem K. o. enden sollte. In den ersten beiden Jahren nach der Trennung habe ich um mein nacktes Überleben gekämpft. Keine Zeit für Gefühle, nicht für mich. Was konnte ich schon immer richtig gut? Du weißt es schon – FUNKTIONIEREN.

Ein weiteres Jahr später sprach mein Ex-Mann das erste Mal das böse S-Wort aus. Er fragte nach der Scheidung. Nicht in einem persönlichen Gespräch, er schrieb es mir per E-Mail. Wir hatten zwischenzeitlich einen guten Weg gefunden, miteinander umzugehen, und auch beruflich kreuzten sich unsere Wege erneut, weil ich ihm zu einem Job in dem Unternehmen meines Kunden verhalf. Bis zu dieser E-Mail dachte ich ernsthaft, ich hätte losgelassen. Alles Tutti. Jedenfalls tat es nicht mehr so weh. Ich dachte auch, ich hätte verziehen. Ihm und mir selbst. Ich wusste, dass er bereits wieder in einer neuen Beziehung war und auch das schien auf den ersten Blick nicht wehzutun. Es war okay für mich und hatte mir auch keinen Stich ins Herz versetzt oder so. Also zumindest nicht in den Teil, den ich noch wahrnehmen konnte, denn du weißt ja, meine Mauerfrau hielt den anderen Teil unter Verschluss. In dem Moment jedoch, in dem ich seine E-Mail las, reagierte ich körperlich sehr heftig. Offensichtlich hatte

meine Seele in Millisekunden meinen Körper mobilisiert, denn sie wusste, dass ich mein Herz nicht komplett fühlen konnte und wollte. Ich hätte lieber meiner
Mauerfrau jeden Abend ein Ständchen gesungen, sie
mit Massagen verwöhnt, ihr täglich Blumen geschenkt
und sie mit Manolos bestochen, als einen Blick in das
verborgene Tal des Teils meines Herzen zu werfen, den
sie mir zu verbergen half. Meine Mitte verkrampfte
sich zu einem mächtigen Klumpen, mein Magen sig-
nalisierte Übelkeit und alle Muskeln meines Körpers
waren angespannt. Dann brach es aus mir wie in einem
Hollywoodfilm über das Erdbeben des Grauens heraus.
Der Schmerz meldete sich. Der tiefe, alte Schmerz, der
so viel älter war als unsere Ehe, wahrscheinlich sogar so
viel älter als ich selbst in diesem Leben. Der so mächtig war, entstanden aus und festgehalten von meinem
Kollegen im Kopf, dem gut konditionierten Geist mit
den alten, destruktiven Glaubenssätzen. Oh nein, ich
erkannte ihn in diesem Augenblick nicht als solchen.
Ich reagierte unbewusst und in dieser Unbewusstheit
ballerte mir mein Verstand trotzig folgenden Satz um
die Ohren: Kann er haben, wenn er sie bezahlt. Das
schrieb ich ihm auch.

Zeitgleich liefen weitere Gedanken in meinem Kopf
umher, alle brüllten durcheinander und das war ihre
Botschaft: Das will er nur, weil er jetzt seine Neue

heiraten will. Die bekommt dann, was du nie von ihm bekommen hast. Dich hat er mit allem alleine sitzen lassen. Du hast ihm den Arsch gerettet. Du hast seine Schulden übernommen, dafür zahlst du immer noch. Du hast keinen Unterhalt für deine Tochter gesehen. Für dich war er nie da. Dich hat er nie gesehen. Nicht einmal bedankt hat er sich dafür, dass du ihm geholfen hast. Der verarscht dich doch. Nie hat er Verantwortung übernommen. Deine Tochter und deinen Sohn hat er im Stich gelassen. Es war ihm immer schon egal, was mit anderen ist.

Mit diesen vielen Stimmen in meinem Kopf kam die Wut erneut aus ihrem gemütlichen Versteck gekrochen. Sie kam natürlich nicht alleine, sie brachte ein paar Freunde mit. Das Klagen, das Selbstmitleid und den Ärger. Und was macht diese Bande? Sie macht sich auf die Suche nach Verbündeten. Denen erzählt sie dann blutrünstig, rachsüchtig und unnachgiebig ihre Geschichte. Mit anderen Worten, ich erzählte meiner Mutter, meiner Freundin und anderen davon. Nicht nüchtern und neutral, sondern diese Geschichte meines Kollegen in meinem Kopf. Er bekam, wonach er lechzte, er bekam recht. Das ist es, was der konditionierte Geist, der in jedem von uns sein Unwesen treibt, wahrhaftig will. Er will recht haben und dafür dreht und wendet er immer alles und jeden so, wie er es braucht, um sein Ziel zu erreichen. Selbstverständlich waren meine Mutter und meine Freundin auf meiner Seite. Sie sprachen mir zu, nicht neutral, und bestätigten meine Gedanken. Es war ein Gespräch von konditioniertem Geist zu konditioniertem Geist. Unbewusst. Nicht wach. Nicht erkennend.

Mein Ex-Mann war bereit, die Kosten der Scheidung zu übernehmen. Da ging mein Plan (von dem ich zu diesem Zeitpunkt nicht ahnte, dass ich ihn hatte) schon mal nicht auf. Damit du mir noch folgen kannst: Alles, was ich dir hier so schön beschreibe, war mir zu diesem Zeitpunkt nicht bewusst. Ich habe nur reagiert. Ich war in einem tiefen Dämmerzustand und nicht wach und bewusst, was dieses Thema betraf. Ich kann dir heute davon erzählen, weil ich an einem bestimmten Punkt in dieser Geschichte wach geworden bin. Und mit wach werden meine ich, ich bin mir dieses Teils meiner Selbst bewusst geworden.
Er schlug vor, einen gemeinsamen Anwalt zu nehmen, um die Kosten gering zu halten, und den wir beide kannten. Damit war ich absolut einverstanden, denn ich wollte ohnehin keine Ansprüche geltend machen, es gab nichts, worum ich hätte kämpfen wollen, jeder hatte sein eigenes Leben. Punkt. Wenn schon Scheidung, dann wenigstens sauber und ohne Blutvergießen. Nun

ging es darum, die Unterlagen zusammenzustellen und an den Anwalt zu schicken. Und damit habe ich mir dann das erste Mal Zeit gelassen. Nicht bewusst absichtlich. Ich hatte viel zu tun, blablabla, das war meine Entschuldigung. Monate später bekam ich dann ein erstes Schreiben vom Anwalt und ich hatte Fragen. Es gab ein erstes Telefonat mit ihm und da erwischte es mich eiskalt. Nachdem er sich nach meinem Wohlbefinden und meinem Werdegang nach der Trennung erkundigt hatte, öffneten sich alle Schleusen und zum ersten Mal seit der Trennung – drei Jahre später – heulte ich wie ein Schlosshund am Telefon. Scheidung, wie grässlich. Das wollte ich doch alles gar nicht. Ich wollte keine Familie zerstören, nicht schon wieder unvollständig sein. Ich rechtfertigte meine gefühlte Unvollständigkeit, mein gefühltes Scheitern, und unser gemeinsamer Anwalt nahm mich durch den Telefonhörer in seine väterlichen Arme und ich durfte weinen. Nach dem Gespräch lächelte mich meine Mauerfrau zart an, ein Stück der Mauer war verschwunden, sie hatte an Höhe verloren. Ich hatte einen kurzen Blick auf meinen alten Schmerz werfen können und mit ihm getrauert. In den darauffolgenden Monaten mussten für die Rentenberechnung weitere Papiere ausgefüllt werden. Die Mauer um mein Herz stand. Die erste Aufforderung habe ich verschlampt. Mit der ersten Androhung einer Strafe

– Monate später – nahm ich mir die Zeit und füllte aus. Im Sommer 2017, fast vier Jahre nach der Trennung und anderthalb Jahre nach seiner ersten Anfrage bezüglich der Scheidung, trafen wir uns auf der Sponsionsfeier[6] unseres Sohnes in Wien. Und wir redeten. Das taten wir sonst auch, aber dieses Mal war es für mich anders. Ich fragte ihn nach seinen Plänen, seiner zukünftigen Frau und er erzählte. Ich hörte zu, hörte ihn einfach reden, ohne dass in meinem Kopf gleich die Stimmen losgingen, meine Gedanken seine Gedanken aufnahmen und sie weitersponnen oder eventuell sogar mit einer neuen Verteidigungsstrategie beschäftigt waren. Stattdessen lauschte ich seinen Worten und konnte ihn sehen. Wahrhaftig sehen. Mein Blick haftete an nichts, verlangte nach nichts, urteilte nicht und bewertete nicht. Es war harmonisch und liebevoll. Es hatte sich nichts an der Situation verändert und dennoch war alles anders. Dies war ein weiterer Augenblick, in dem eine neue Reihe Steinquader von meiner Mauer abgetragen wurde.

Zurück zu Hause beschleunigte ich nun den Prozess der Scheidung, weil mir alles mit einem Mal so klar wurde. Ich war nun soweit. Ich war mutig genug, mir diesen Teil meines Selbsts anzuschauen. Mutig genug, diesen tiefen, alten, mächtigen Schmerz anzusehen und ich erkannte ihn. Ich kannte ihn schon von

[6]Eine Sponsion (von lat. sponsio = Gelöbnis) bezeichnet in Österreich die Verleihung folgender akademischer Grade: Magister/Magistra (Mag. oder Mag.a.) I Diplom-Ingenieur (DI oder Dipl.-Ing.) I Bachelor (B.A., B.Sc. oder weitere) I Master (M.A., M.Sc. oder weitere)

früher, als ich mit meinem Sohn alleine war und mich unvollständig fühlte. Es war der Schmerz, der schon als Geburtshelfer meiner Ich-bin-nicht-gut-genug-Frau zur Stelle war. Ich erkannte diesen einen Teil von mir in diesem Schmerz und mit einem Mal war dort Raum um mich und mir wurde klar, dass ich nicht dieser Schmerz bin. Er war nur die Idee von etwas, aus meinem Mangel, nämlich dem Gefühl nicht vollständig zu sein, entstanden, dem Gefühl, nicht gut genug und nicht wertvoll und liebenswürdig zu sein. In diesem Fall die Idee von einer heilen Familie, von einer Ehe, bis dass der Tod euch scheidet, und Friede, Freude, Eierkuchen bis zum bitteren Ende. Mit dieser wachen Klarheit musste ich nicht mehr daran festhalten, es war nur eine Illusion. Ich hatte mich mit dieser Idee, dieser Illusion identifiziert. Ich hatte ihr Namen gegeben und eine Bedeutung. Ich hatte sie zum Leben erweckt und ich war es auch, die sie auflösen konnte. Ich war nicht diese Idee und niemals hätte mich diese Ehe vollständiger machen können, als ich es in mir war, immer bin und sein werde. Es war, als schlenderte ich an diesen Jahren vorbei und nahm nur die Situation wahr. So, wie sie war – neutral. Denn die Bedeutung hatte ich ihr in meiner Verletztheit gegeben und das Drama damit ins Rollen gebracht. Das Drama nährt sich dann von deinem Verstand jenseits der Vernunft, der diese Geschichten liebt und anfeuert, und den wir nur selbst stoppen können. Jede Situation ist neutral, bis wir sie zu unserer ganz persönlichen Geschichte machen und daran festhalten.

Das Loslassen ist ein friedvoller Akt in uns. Es geht nicht darum zu lernen, wie du dich entliebst oder Dinge, Situationen oder Menschen aus deinem Leben verbannst. Sondern dich selbst in deiner ganzen Größe, Vollständigkeit und Fülle zu erkennen und zu lieben. Es ist ein Prozess des Wachwerdens und in sich Ankommens. Manchmal muss man seine Schuhe ausziehen, sich nackt machen und woanders barfuß laufen, um anzukommen.

*Es gibt jetzt jemanden, der deine Macken, Ängs-
te und Träume liebenswert findet. Der dich in seiner
Liebe selbst dann baden lässt, wenn du dich in deinen
schlimmsten Momenten befindest. Solange jedoch,
wie du dich selbst nicht sehen kannst, wirst du andere
verdrängen. Wenn wir nicht glauben, dass wir liebenswert sind, werden wir uns immer wieder sagen, dass
es nicht sicher ist, einen Menschen in unser Leben
hereinzulassen. Wir tragen die Maske der „Perfektion",
spielen mühsam unsere vielen Rollen, an die wir uns
so sehr gewöhnt haben. Kommt die Liebe uns entgegen, dann laufen wir vor ihr weg. Wir verstecken uns.
Unsere Erinnerungen an vergangene Wunden rufen die
Angst in uns zur Hilfe. Die Angst aber vermag nicht zu
helfen. Sie verletzt uns nur weiter. Wir trauen uns nicht,
uns dem inneren Schmerz zu stellen, weil wir uns selbst
ablehnen.*

*Aber wenn wir langsamer werden, uns von außen be-
trachten könnten, würden wir unsere ganze Schönheit
erkennen können. Wir könnten sehen, dass wir genug
sind. Wir könnten sehen, dass wir liebenswert sind.
Diese verletzten Teile in dir brauchen deine Hilfe, sie
fordern dich auf, sie in deinen Armen zu wiegen, sie
liebevoll anzunehmen. Wenn wir unsere zerbrochenen*

Stücke einsammeln und für sie sorgen, uns trauen, unsere Mauern um die Herzen aufzulösen, werden unsere Wunden zu unserer Weisheit. Was einst deine größte Schwäche war, kann zu deinem größten Geschenk werden. Es beginnt damit, dass du dir erlaubst, das anzuschauen, was du so lange abgelehnt und vermieden hast. Der Schmerz wird dich nicht umbringen. Lass ihn zu deinem Heiler werden. Liebe das empfindsame, wütende, verängstigte kleine Wesen in dir. Liebe es immer und immer wieder.

Wir wünschen es uns gerne leichter. Und ja, du hast recht, wenn du sagst, es sei erschöpfend. Warum also erlauben wir uns nicht, erschöpft zu sein? Es ist gar nichts Schlechtes daran, erschöpft zu sein. Vielleicht aber hast du ein Bild in deinem Kopf davon, wie du sein solltest? Eine immer glückliche und vor Begeisterung und Kraft strotzende Frau? Jemand, der wirklich stark wirkt? Die nicht müde ist? Es ist einmal mehr unser Verstand, der uns erzählt, was Stärke ist. Vielleicht ist dein Bild, deine Idee von Stärke, dass du dich besonders glücklich und gut fühlen musst, wenn du stark bist. Erschöpft sein mag für dich Schwäche bedeuten und schwach sein macht dir dann Angst. So ist dann auch unser einheitliches Credo: Stärke deine Schwächen. Schwach sein ist etwas für Anfänger, für Warmduscher und Weicheier, wir sind nicht schwach. Wir geben schließlich alles dafür, uns zu optimieren, und darunter fällt eben auch, dass wir es uns nicht erlauben, unsere Erschöpfung zu zeigen. Mit dem Sprichwort „Nur die Harten kommen in den Garten" groß geworden, führen wir unseren Kampf weiter. Den gegen uns selbst an vorderster Front.

Wer hat uns noch versprochen, dass wir nur hart genug sein müssen, hart genug gegen uns selbst, fleißig genug, schön genug, sporty genug, healthy genug und, das Wichtigste, anpassungsfähig genug, um weiterzukommen in unserem Leben? Ach ja, unsere Eltern, die Lehrer, die Kollegen, die Chefs, die ganze Social-Media-Lüge und der Fernseher. Ich habe mich früher selbst oft dabei erwischt, dass ich behauptet habe: Stärke deine Schwächen. Heute glaube ich, dass das Blödsinn ist. Meine Schwächen sind Teil von mir und ich tue gut daran, wenn ich sie sehe, sie anerkenne, und mir dann erlaube zu sein. Mich nicht länger selber vertröste und mit einem aufgesetzten Lächeln darüber hinweggehe. Denn das, was dann bleibt, ist die Angst, die mir im Nacken sitzt. Die Angst vor dem Versagen. Es nicht zu schaffen. Weißt du, ein Körper kann und darf erschöpft sein. Besonders dann, wenn wir durch diese vielen Gefühle gehen. Schenke deinem Körper mehr Pausen. Ruhe in deinem Körper. Wir suchen das Glück und unsere Erfüllung auf der konditionierten Ebene unseres Geistes und dort werden wir es nicht finden. Unbegründete Fröhlichkeit, Glück und Liebe kommen nicht von außen, sie sind in dir.

Ganz gleich, in welchem gedanklichen Horror-streifen du dich gerade befindest, du kannst ihn mit diesem kleinen Hilfsmittel beenden: Ich brauche diesen Gedanken nicht mehr. Statt-dessen wähle ich …

… ich bin es wert, geliebt zu werden.

… Liebe, Vertrauen und den festen
   Glauben an mich und meine Fähigkeiten.

… Wohlstand, Reichtum und Sicherheit.

In einer wunderschönen Geschichte aus der indischen Mythologie wird erzählt, dass früher alle Menschen Götter waren. Die Menschen missbrauchten jedoch in einer furchtbaren Weise ihre Göttlichkeit bis Brahma, der Gott aller Götter, beschloss, den Menschen die göttliche Macht wegzunehmen und an einem für sie unauffindbaren Ort zu verstecken. Die größte Herausforderung dabei war, ein Versteck zu finden, das die Menschen niemals entdecken könnten. Brahma rief die Mitgötter zusammen und bat sie, dieses Problem gemeinsam zu lösen. Einer der Götter schlug vor, die Göttlichkeit des Menschen in der Erde zu verbergen. Brahma jedoch erwiderte, dass dies nicht reichen würde, denn die Menschen würden graben und das Versteck wäre gefunden. Ein weiterer Vorschlag war es, die Göttlichkeit in den tiefsten Tiefen des Ozeans zu versenken. Brahma erwiderte abermals, dass der Mensch auch früher oder später alle Tiefen des Ozeans entdecken und dann seine Göttlichkeit wiederfinden und an die Oberfläche holen würde. So wäre auch dieses Versteck nicht sicher genug. Wieder überlegten die Mitgötter, wo denn die Göttlichkeit des Menschen sicher verborgen werden könnte. Schließlich schlugen sie Brahma vor, die Göttlichkeit des Menschen in die entferntesten Entfernungen des Universums zu verbannen. Von dort könne sich der Mensch die Göttlichkeit nicht zurückholen. Brahma hörte sich geduldig an, was seine Mitgötter ihm vortrugen. Dann erklärte er, dass der Tag kommen wird, an dem die Menschen das All erobern und die Göttlichkeit wieder an sich nehmen würden. Das Universum sei als Versteck ebenso wenig geeignet. Die Mitgötter wussten sich keinen Rat mehr. Sie waren sich einig: Es gibt weder auf der Erde noch in den Meeren oder im ganzen Universum einen Platz, wo der Mensch sie nicht finden wird. Brahma in seiner unendlichen Weisheit sprach: „Seht, was wir mit der Göttlichkeit des Menschen machen! Wir verstecken sie im Tiefsten von ihm selbst, denn das ist der einzige Platz, an dem er nie danach suchen wird." Seit dieser Zeit – so schließt die Legende – hat der Mensch die Welt erobert, hat sich aufgemacht, das Universum zu entdecken, ist getaucht, geflogen und hat tief in der Erde gegraben, um etwas zu suchen, das nur in ihm selbst zu finden ist.

Viele Menschen suchen noch immer im Außen nach Fülle, Frieden, Liebe, Erfüllung, Glück und Vergebung. Du bist jetzt hier, weil du bereit bist und dich auf den Weg machst. "Alles ist bereits in dir" bekommt mit dieser wunderschönen Geschichte eine völlig neue Tiefe. Wir dürfen aufhören, uns zu verleugnen und beiseite zu schieben, was wir wirklich sind. Wir dürfen uns selbst hingeben und die pure Freude am Sein erfahren. Lasst uns mal wir selbst sein. Lasst uns mal unsere Stimme finden und sie für uns und mit der Gabe der tief gefühlten Empathie für alles Leben einsetzen. Lasst uns uns wieder mehr mit unserem inneren Körper, mit der Stimme unseres Herzens und unserer Weiblichkeit verbinden. Dem Ort, an dem die intuitiven Fähigkeiten wohnen. Komm mit mir in den Club der Frauen, die von sich wissen, dass sie wundervoll sind. Keine Sorge, hier darfst du sein, wie du bist. Wenn du mal traurig bist, sei traurig. Bist du wütend, so lass sie raus, die Wut. Erschöpfung und Schwäche dürfen wir uns erlauben, weil wir wissen, wir sind nicht alleine. Wir sind alle miteinander verbunden und auch die vermeintlich dunklen Seiten gehören dazu. Wo dieser Club ist? Na, in mir und in dir! Vielleicht magst du diesen Raum in dir erforschen und dich selbst ein bisschen besser kennenlernen, also die wahrhaftige, wundervolle Frau, die du bist. Trau dich nur! Glaub nicht länger irgendwelchen anderen, ihren Urteilen und Bewertungen über dich und den Rest der Welt. Glaub nicht länger deinen eigenen Richtern, die für dich regelmäßig die Guillotine bereitstellen, sondern lerne wieder, auf dein Herzchen zu hören. Hör dir zu, wenn du in die Stille gehst.

Mögest du die Schönheit in dir erkennen. Den Sanftmut, die Weichheit, die Wärme, die Güte, die Gnade, die Zärtlichkeit. Leuchte, du wundervolle Frau. Denn dort, wo du dein Licht scheinen lässt, löst sich das Dunkel auf. Mögen sich deine Worte zu einem machtvollen Gebet formen und sich im Universum mit der göttlichen Liebe vereinen, um sodann als Segen zu dir zurückzukehren. Mögest du dich in diesem Segen erkennen und mag es auch nur ein Hauch von der sein, die du wirklich bist. Mögest du die Schönheit in dir erkennen.

Eine heilende Meditation

Ich bin bereit, meine eigene Größe zu erkennen. Ich entscheide mich jetzt bewusst dafür, all jene Gedanken aus meinem Geist und meinem Leben zu entlassen, die mich in Schuld, Minderwert und Mangel festgehalten haben, sowie alle anderen destruktiven, negativen Gedanken, die mich davon abgehalten haben, die wundervolle Frau in mir zu erkennen, die ich bin. Jetzt und für alle Zeit. Ich vertraue von nun an der Verbindung zu meiner Seele. Ich nutze meine Stimme und stehe mit beiden Füßen fest auf dem Boden. Ich sorge gut für mich selbst und ich denke für mich selbst. Ich kann gefahrlos wachsen und mich weiterentwickeln. Ich gebe mir, was ich brauche. Ich bin auf alles neugierig, was das Leben mir anbietet. Mit Freude nehme ich an, immer voll Dankbarkeit für die Fülle in meinem Leben. So bin ich voll Liebe und Glaube. Ich lasse mein Licht leuchten. Möge es mir und allen Wärme, Zuversicht, Vertrauen und Liebe schenken, die offen und bereit sind zu heilen. Ich gehe von nun an und für alle Zeiten den Weg meiner Wahrheit.

Ich bin bereit, meine Stimme zu nutzen. Jeder Schritt ist mutiger und beherzter als der letzte. Ich bin von klarer Schönheit, in tiefer Verbundenheit mit meiner zarten Seele, Mutter Erde und Vater Kosmos. Liebe umgibt mich und fließt aus mir heraus, bereit, geteilt zu werden und Heilung zu bringen. Meine Wunden sind zu meiner Weisheit geworden. Nicht, weil ich gelernt habe, jene, die mich verletzten, nicht mehr zu lieben, sondern weil ich mich selbst liebe. So sei es.

 Diese Meditation findest du als Audiodatei zum Download auf meiner Webseite: https://kindofbeauty.de/buch-meditation

Diese Meditation ist eine wundervolle Möglichkeit in Verbindung mit deinem höheren Selbst zu treten. Meditation ist Hingabe und Wachheit zugleich. Sie vermag es, verschlossene Türen in dir zu öffnen, und bereitet den Weg zu unbegründeter Freude, Glück, Selbstliebe und Fülle. Mit deinem konditioniertem Geist kannst du deine Seele nicht begreifen. Du kannst deinen Geist mit der Seele verbinden und aus dieser Verbindung tiefes Seelenwissen holen. Das nenne ich Intuition. Dich sanft führen lassen von dem Wissen, das schon immer da war, immer ist und immer sein wird. Lass diese Meditation dir ein zuverlässiger Begleiter auf diesem Weg sein.

Für dich einstehen steht dir gut

Wenn du die Richtung deines Wegs für jemanden ändern musst, ist das keine Liebe. Wenn du deine Werte für einen anderen aufgibst, ist das keine Liebe. Wenn du deine Träume begraben willst, Kompromisse mit deinem Herzen machst, deine Wahrheit für jemanden verschluckst und darauf achten musst, dass du nicht daran erstickst, dann ist das keine Liebe. Es ist einer deiner verletzten, nicht geheilten Teile in dir, der nach Liebe sucht und diese in einem nicht geheilten Teil eines anderen zu finden glaubt. Ironischerweise ist es oft die leidenschaftlichste Verbindung wegen der intensiven Vertrautheit. Das betrifft nicht nur Liebesbeziehungen, sondern jede Form der Beziehung: Eltern-Kind-Beziehungen, Freundschaften, Arbeitssituationen … Unbewusst siehst du dich im Schmerz des anderen wieder. Doch sieh dieses Verhalten als das, was es ist: eine Lektion, ein Lehrer. Schmerz ist nicht Liebe und Liebe bedeutet nicht Schmerz. Liebe verlangt niemals und nichts. Das gilt auch für die Selbstliebe. Erinnere dich daran, wer du bist. Lass uns jetzt und hier gemeinsam die Absicht formulieren, dass wir bereit sind, unsere wahrhaftige Größe zu sehen und anzuerkennen. Das wir bereit sind, für uns einzustehen.

Willkommen im Club der Frauen, die von sich wissen, dass sie wundervoll sind. Wir machen den Unterschied. Du machst den Unterschied. Bist du bereit? Deine Bereitschaft macht an dieser Stelle den größten Unterschied. Ganz gleich, wie blockiert du dich fühlst, dich für die Liebe zu öffnen, wie sehr du Angst haben magst, wie groß dein eigenes Gefängnis ist und wie lautstark deine inneren Richter sein, du kannst in deinem Gefängnis kauern und die Tür hinter dir ins Schloss fallen lassen oder aber jetzt anerkennen, dass es dein negatives Denken ist, deine alten, destruktiven Glaubenssätze, die sich aus deinem konditionierten Geist zu Wort melden. Deine Seele ist zu keiner Negativität fähig. An dieser Stelle möchte ich noch einmal betonen, dass der Geist auf keine Weise minderwertig gegenüber der Seele ist. Unser Geist ist ein brillantes System. Indem wir zwischen beiden Einheit schaffen, Verbundenheit zwischen Geist und Seele, öffnet sich unser Geist für das alte (Seelen-) Wissen. Eine neue Harmonie entsteht und mit ihr wird die Selbstliebe weiter wachsen können. Lasst uns gemeinsam das Umfeld erschaffen, in dem das gefahrlos möglich ist, für uns und für alle.

Sensibel und besonders feinfühlig zu sein ist eine Superkraft. Und ja, sie fordert uns immer wieder, führt uns an unsere Grenzen und vermag uns darüber hinaus zu erheben. Das Leben konfrontiert uns mit Dingen, die wir niemals freiwillig für uns gewählt hätten. Doch es ist ein Geschenk an dich selbst, Menschen so zu sehen, wie sie sind, und nicht nur auf ihr Bild zu reagieren, welches sie uns präsentieren. Es ist eine Gabe, dich selbst so zu sehen, wie du bist, und dich aus deinen gewohnten Denkstrukturen herauszubewegen, über dich hinauszugehen, dich selbst an die Hand zu nehmen, das Flüstern deiner Seele zu erhören, liebevoll mit dir zu sein, dich im Tanz deiner Wahrheit mit deinem Körper, deinem Geist und deiner Seele zu vereinen. Diese Gabe ist in dir und die Welt wartet darauf, dass du sie mit ihr teilst. Je eher du aufhörst, dir zu wünschen, es wäre alles anders und du wärest anders, umso eher wirst du diese wundervolle Gabe zu ehren und zu schätzen wissen. Lasst uns gemeinsam auf Schatzsuche gehen und nach den Edelsteinen in uns suchen, um sie der Welt zurückzugeben. Das ist möglich, wenn wir beginnen, uns selbst zu erkennen. Wenn wir bereit sind, unsere Rüstung abzulegen, die wir uns in so jungen Jahren angelegt haben. Wenn wir in unserer Weichheit unsere Stärke erkennen. Dann beginnt die Zeit, in der wir Teile von uns in anderen wiedererkennen, und wir sind bereit anzuerkennen, dass jeder auf seinem Weg ist, während wir geduldig mit uns selbst sind.

Der Glaube, wir sollten keine Probleme haben oder dieses und jenes sollte uns nicht widerfahren, verstärkt nur den eigenen Schmerz. Leben ist eine ständige Herausforderung. Nimm es als solche an und lerne vom Leben.

Es wäre natürlich völlig unsinnig zu behaupten, dass es immer leicht ist. Besonders dann, wenn dir die Lebensumstände ganz andere Dinge präsentieren. Der Verlust deines Jobs, das Ende einer Liebesbeziehung, der Tod eines geliebten Menschen oder Tieres, Mobbing, das sind ganz sicher Situationen, die dich herausfordern. Es gibt noch ganz viele andere, die, wie es scheint, dir erstmal alles nehmen wollen, die für die Ich-bin-nicht-gut-genug-Frau Futter sind und deine Mauerfrau in Alarmbereitschaft versetzen. Die dich wieder leiser machen können. Dann wirst du möglicherweise Hilfe brauchen, jemanden, der dich daran erinnert, dass du wertvoll und liebenswert bist. Sei dir selbst dieser Jemand. Es gibt keinen Grund, dich zu verstecken und dem inneren Impuls nachzugeben, der dir jetzt vielleicht ins Ohr flüstert: „Alles nett gesagt, aber ich habe niemanden, der mich da unterstützt. Niemanden, mit dem ich mich auf dieser Ebene austauschen kann." Die Wahrheit ist, dass deine Vorstellung davon, wie du dich siehst, was du zu verdienen glaubst und wie sehr du anerkennst, dass du es bist, die dein Leben verändern kann, massiv auf alles einwirkt. Du wirst sehen, wenn du dich zu dir bekennst, dann wirst du Gleichgesinnte anziehen, sie werden in dein Leben kommen und ihr werdet gemeinsam wachsen können. Wenn du aufhören kannst, auf alles zu reagieren, was das Leben dir schickt, und stattdessen eine andere Perspektive einnehmen kannst, dann wirst du dich nicht länger als Opfer der Umstände erfahren. Das bringt wahren Frieden und du beginnst zu erschaffen, statt dich zu verstecken und dein Leben zu ertragen.

Das bedeutet auf keinen Fall, dass du jederzeit wie ein weiser Guru durch dein Leben wandeln musst. Dass du dir keine Fehler zugestehen darfst und fortan allwissend, heilig und perfekt sein sollst, während du dich innerlich weiter bekämpfst, weil du nicht gut oder in diesem Fall weise genug bist. Wenn du Unmögliches von dir erwartest, dann führt das nur dazu, dass du dich blockierst und vielleicht sogar aufgibst und lieber in deine alten Gewohnheiten zurückschlüpfst. Es ist normal, dass dieser Weg von Schwankungen begleitet wird. Das wachsende Bewusstsein bleibt nicht immer konstant, nur weil du weiter wächst und in deine Kraft kommst. Es gibt keine Pille, die wir schlucken können und schwups, lieben wir uns selbst. Entlassen auf einen Schlag alle unsere Richter und haben einen vorsitzenden goldenen Engel, der uns von nun an auf der Harfe liebliche Lieder vorspielt. Eine Pille hat noch nie eine Ursache auflösen können, sondern bleibt stets oberflächlich auf der Ebene der Symptome. Lass es uns mit einem Forschungsprojekt vergleichen. Wissenschaftler gehen zu Beginn ihrer Forschung davon aus, dass sie mehrere Versuche benötigen, um an ihr Ziel zu gelangen. Selbst nach unzähligen Versuchen und vielen Jahren werden sie nicht entmutigt aufgeben. Manchmal entdecken sie auf diesem Weg etwas, das zwar nicht die Lösung ist, aber sie dennoch auf einer anderen Ebene weiterbringt. Sie sind sich darüber im Klaren, dass jeder weitere Versuch sie näher an ihr Ziel bringt, und währenddessen können sie ihre Techniken verfeinern, gewinnen neue Erkenntnisse und lernen.

Sei sanft zu dir. Neben wahrhaft gelebter Dankbarkeit für das, was ist, ist das Mitgefühl ein mächtiges, vermittelndes Element zwischen deinem Herzen und dem konditionierten Geist. Schenke dir selbst liebevolles Mitgefühl, ganz besonders dann, wenn du es sonst gewohnt warst, dich zu verurteilen, zu beschimpfen und zu prügeln. Sage dir voller Mitgefühl, dass du okay bist und dass du gerade dein Bestes gibst. Wenn dir das besonders schwer fällt, dann kann es daran liegen, dass es im Widerspruch zu der Geschichte steht, die du dir über dich selbst immer wieder erzählst, dass du angeblich immer alles falsch machst. In der Ablehnung des Selbstmitgefühls schwingt der Glaube mit, dass mit sich selbst fühlen bedeutet, gegenüber den eigenen Schwächen und Fehlern blind zu sein. Die meisten sind es gewohnt, hart und lieblos mit sich zu sein. Auch das löst einen alten, bekannten Schmerz aus, weil man aber glaubt, er gehöre dazu, nimmt man diesen Schmerz bereitwillig in Kauf. Mitgefühl bedeutet, Verständnis haben können, ohne verstehen zu müssen. Mitgefühl zerrt nicht an dir, macht dir keine Verbesserungsvorschläge, kennt den Begriff Selbstoptimierung nicht und will nichts verändern. Es ändert aber alles. Öffne weiter dein Herz, verschließe es nicht, wenn dir das Leben Steine in den Weg zu schmeißen scheint. Erhebe dich über dein gewohntes Reagieren, löse dich von deinem Urteil und vertrau darauf, dass dein Herz den Weg kennt.

Du hast jedes Recht, deine Energie auf deinem Weg zu schützen. Grenzen, die du für dich nach außen ziehst, sind immer okay. Du brauchst sie nicht erklären. Wenn sich etwas für dich nicht gut anfühlt, dann mach es nicht. Schau, ob du einen anderen Weg findest. Fühlst du dich in Gegenwart von jemandem nicht wohl, sei nicht mit ihm. So einfach ist das. Wir sind nur oftmals nicht bereit, die Konsequenzen zu tragen. Wir haben dann Angst, alleine dazustehen, und beginnen, uns die unangenehme Situation schön zu reden. Oder wenn es den Job betrifft, haben wir Angst, wir würden nichts anderes finden. Glaube mir, wann auch immer du bereit bist, eine Tür zu schließen, wird eine neue aufgehen. Es mag nicht immer unmittelbar so sein, es kann durchaus eine Zeit im Dunklen geben, aber sobald sich der Spalt der neuen Tür öffnet, wirst du die Lichtquelle erkennen.

Manchmal ist der Weg der stärksten Selbstliebe der, Nein zu sagen, weil er deine Wahrheit am meisten unterstützt. Du kannst durchaus ein sehr freundlicher, liebevoller Mensch sein, auch wenn du nicht jedem erlaubst, in deinen energetischen Raum einzudringen. Es wird Menschen geben, die dich deswegen verurteilen, weil sie mit ihren eigenen Grenzen Schwierigkeiten haben. Es ist aber nicht dein Job, ihnen deine Grenze zu erklären oder sie über ihre eigene innere Begrenztheit hinweg zu tragen. Bleibe im Mitgefühl mit dir selbst und formuliere in diesem Akt der Selbstliebe klar deine Werte und Wünsche. Liebe kommt aus dir und nicht zu dir, um dich zu erfüllen. Es gibt kein Warum für deine Liebe. Fühle die Liebe in dir, denn es gibt nichts, was du tun musst, um sie zu verdienen. Es gibt keinen Grund, deine Unsicherheiten und Wunden zu verbergen. Du bist dir selbst die innigste und intimste Verbundenheit und Beziehung, die du jemals haben wirst. Nimm dich liebevoll in den Arm und wiege dich sanft.

Unsere gemeinsame Zeit endet hier und dein eigener Weg geht weiter, vielleicht auf einer neuen Ebene mit einem neuen Bewusstsein. Lass dich ganz auf dich ein und erlebe die Fülle des Lebens. Ich bin sehr dankbar, dass du bis hierhin mit mir gegangen bist, und sei dir sicher, auf der Ebene der Seele sind wir miteinander verbunden.

An jede Frau, die bereit ist, ihre Komfortzone zu verlassen und mutig den Weg ins Unbekannte geht.

An jedes junge Mädchen auf dem Weg zur Frau. Und jede Frau auf der Reise zur Anerkennung ihrer Weiblichkeit.

An jede Frau auf der Reise zur Mutterschaft. Und jede, die Leben gegeben und sich hingegeben hat, damit ein anderes Wesen durch ihren Körper kommt.

An jede Frau, die nie diesen Ruf gefühlt hat.

An jede Frau, die einen Verlust erfahren hat und in tiefer Traurigkeit durch diese Zeit gegangen ist.

An jede Frau, die immer noch trauert.

An jede Frau, die sich auf den Weg macht und in Verbindung mit ihrem Herzen tritt. Ihren Schmerz in Kraft verwandelt.

An jede Frau, die ihren eigenen Weg geht, bereit, ihre Stimme zu erheben. Die mutig tanzt im Takt ihrer eigenen Melodie, die das leise Flüstern ihrer Seele hört.

An jede Frau, die sich immer wieder traut, ihre Wahrheit zu leben, und dadurch Wachstum erlebt, auch wenn es schmerzhaft sein mag.

An jede Frau, die gelernt hat, Nein zu sagen, und jede Frau, die immer noch ihre Stimme sucht.

Du bist nicht alleine.
Ich stehe zu dir.
Du bist mächtig.
Du wirst gebraucht.
Deine Stimme will gehört werden.
Du bist wundervoll!

"NUR IN
DIR KANNST DU
VERÄNDERN, WAS SICH
NICHT GUT ANFÜHLT.
WAS ANDERE DARÜBER
DENKEN, LIEGT NICHT IN
DEINER HAND.
DEIN SEELENHEIL
JEDOCH SEHR
WOHL."

Danksagung

Dieses Buch konnte entstehen, weil ich in meinem Leben durch so viele dunkle und auch schöne Momente gehen durfte. Nicht zuletzt auch dank des guten Glaubens und der Unterstützung, die mir so viele Menschen im Laufe der Jahre gezeigt haben. Der Glauben an Gott, mich und das Leben selbst, das es immer gut mit uns meint. Besonders auch dann, wenn wir in Zeiten tiefster Finsternis nicht an das Gute zu glauben wagen. Somit danke ich auch all denjenigen, die es nicht gut mit mir meinen und meinten. Auch ihr helft mir bei meinem ganz persönlichen Wachstum. Viele Erkenntnisse wären ohne euch nicht möglich gewesen. Loslassen durfte ich durch euch lernen, weil es irgendwann nicht mehr anders ging. Wie sage ich immer wieder: Der Mensch lernt durch Leid. Davon hatte ich eine Menge in meinem Leben. Danke an den Verlag, an die vielen kreativen Köpfe, die es möglich gemacht haben, mein Herzensprojekt umzusetzen. Ganz besonders dir Lucas, weil du mir die Chance und dein Vertrauen gegeben hast, dass dieses Buch veröffentlicht wird. Kim, danke für deine liebevolle Unterstützung während der gesamten Zeit, und Sue für deine wundervolle Umsetzung meiner Idee für das Cover und die Gestaltung des Buches. Ich danke der lieben Marie von „Schreib fantastisch", du bist eine wundervolle Lektorin. Mit deinem Mitgefühl bist du tief in meine Texte eingetaucht und hast meine Worte eingefangen und gezähmt, wenn sie sich vergaloppieren wollten. Es war mir ein Fest, mit euch zu arbeiten!

Ein großer Dank geht an meine liebste Freundin und Lehrerin, Hanny. Viele meiner „kleinen Weisheiten" habe ich durch dich lernen dürfen. Du hast mir eine völlig neue Welt eröffnet und mich dem Wissen um meine mir innewohnende Kraft so viel näher gebracht. Du hast mich bestärkt, dieses Buch zu schreiben, und ich durfte dir sogar die ersten drei Kapitel vorlesen. Wohooooo, das hat mich so glücklich gemacht. Du wirst immer ein ganz besonderer Mensch in meinem Leben sein.

Ich danke meiner Mama, die immer für mich da ist. Mama, dein fester Glaube an mich und dein Vertrauen in mich haben mir immer einen großen Halt im Leben gegeben. Wir haben uns oft aneinander gerieben, waren oft nicht einer Meinung, sind durch viele Höhen und Tiefen gegangen. Wir haben uns beiden den Raum geschenkt, um miteinander wachsen zu können. Ich habe von deinen Fehlern lernen dürfen und du hast mich eigene machen lassen. Bin ich gefallen, hast du mir aufgeholfen. Du hast mich immer ermutigt, meine Wahrheit auszusprechen, auch wenn sie dir nicht gefallen hat. Ich liebe unsere gemeinsame Zeit und danke dir für deine Liebe.

Von Herzen danke ich meinen Kindern. Julian und Jana, ich habe so viel durch euch lernen dürfen. Ihr beschenkt mich jeden Tag mit eurer bedingungslosen Liebe, dem absoluten Vertrauen und dem unerschütterlichen Glauben an mich. Wir dürfen uns aneinander reiben und gemeinsam wachsen und ich danke Gott, dass es euch gibt. Julian, mit deiner unnachahmlichen Art, mir liebevoll auf die Füße zu treten, triggerst du nicht selten meine wunden Punkte. Das hilft mir, mich selbst zu erkennen. Dein großes Herz, dein Mitgefühl, dein Einsatz für andere Menschen und deine Leidenschaft für das, was du tust, machen mein Herzchen weit. Unsere oft stundenlangen und heißen Diskussionen, in denen wir beide gelernt haben, einander sein zu lassen, machen mich reich im Herzen. Dein Wissensdurst ist wunderbar und ansteckend. Du bist ein guter Lehrer, auch wenn du es vielleicht gar nicht weißt. Jana, deine Sensibilität, das Gespür für andere, dein Mitgefühl und all das, was du anderen Menschen gibst, bereichert nicht nur mich, sondern alle Menschen, die dich kennenlernen dürfen. Mir hilfst du immer wieder durch deine Klarheit und führst mich wieder zu mir selbst. Wie hast du es so schön formuliert: Du bist meine Seelenverwandte. Und so ist es! Deine Verrücktheit, deine Sicht auf die Dinge, das gemeinsame Lachen und manchmal auch Weinen, dein offenes Ohr für meine kleinen und auch großen Wehwehchen sind Balsam für meine Seele. Ich glaube, du warst sechs Jahre alt, als ich das erste Mal über dich gesagt habe, dass eine kleine, weise, alte Frau in dir wohnt. Du bist meine engste Vertraute und mein kleiner leuchtender Engel. Meine wundervollen Kinder, ich liebe es, mit euch zu sein, und ich fühle euch so sehr, das es keine Worte dafür gibt.